2023年山西省高等学校教学改革创新项目“基于民办高校大学生核心素养培育的思政课教学方法研究”，编号：J20231770，主持人：智文媛。



# 人工智能时代大学生素质教育的创新与实践

智文媛　著

中国商业出版社

**图书在版编目（CIP）数据**

人工智能时代大学生素质教育的创新与实践 / 智文媛著. -- 北京 : 中国商业出版社, 2025. 5. -- ISBN 978-7-5208-3455-1

Ⅰ. G640

中国国家版本馆CIP数据核字第2025R9T732号

责任编辑：袁　娜

中国商业出版社出版发行

（www.zgsycb.com　100053　北京广安门内报国寺 1 号）

总编室：010-63180647　编辑室：010-83128926

发行部：010-83120835/8286

新华书店经销

北京厚诚则铭印刷科技有限公司印刷

*

787 毫米 ×1092 毫米　16 开　10.25 印张　200 千字

2025 年 5 月第 1 版　2025 年 5 月第 1 次印刷

定价：56.00 元

* * * *

（如有印装质量问题可更换）

# 前　言

近年来，智能革命浪潮正席卷全球，大数据、算法、人工智能以及虚拟技术的概念已经被大众所熟知，并为教育注入了新的理念，催生了数据教育、智能教育等新的教学样态，支撑引领着教育创新发展。随着人工智能等新技术在教育领域广泛应用，高校素质教育积极运用人工智能、大数据和算法等，赋能大学生素质教育，推进了大学生素质教育现代化，素质教育智能化的趋势已经形成。因此，正确把握人工智能赋能素质教育的变革之道，积极探索人工智能赋能大学生素质教育的实践路径尤为重要。本书旨在深入探讨人工智能与大学生素质教育之间的内在联系，为高等学校教育和大学生的发展提供一定的借鉴意义。

本书共六章，第一章为人工智能与大学生素质教育，第二章为大学生素质教育的重要性研究，第三章阐述了人工智能赋能大学生素质教育的可能性与必要性，第四章介绍了人工智能时代大学生素质教育的成效与困境，第五章为人工智能时代大学生素质教育的理论创新，第六章介绍了人工智能时代大学生素质教育的实践路径。

本书在撰写过程中，参考借鉴了大量的文献，得到许多学者与同人的指导和帮助，在此笔者表示诚挚的谢意。书中内容难免有不足之处，敬请专家和读者朋友批评指正。

本书的出版得到了山西工程科技职业大学高层次人才科研启动经费的资助，在此，表示感谢。

智文媛

山西工程科技职业大学

2024 年 12 月

# 目　　录

# 第一章　人工智能与大学生素质教育

科技革命以人工智能为核心驱动力引领人类社会步入人工智能时代。无论人们是否意识到，人工智能对社会的系统性和综合性影响已成为不争的事实。面对人工智能科技的蓬勃浪潮，唯有深刻认识人工智能的本质，全面把握其对大学生社会生活的深远影响，方能推动人工智能在赋能大学生社会责任教育方面全景式、全域化、全程化、全面化地展开，进而促进人工智能沿着积极正向、造福社会的道路发展。

## 第一节　人工智能的概述

“智能”这一概念构成了界定人工智能领域的基石。对于生命体来说，智能指的是生物体天生拥有的适应环境变化与确保生存的本能。作为地球上智能层次最高的生物，人类的智能不仅局限于适应环境和维持生存，更显著地体现在运用语言进行沟通、创造并利用工具以改造周围环境，以及孕育和发展文化的能力上。探究人类智能的本质，是一个横跨多学科边界的复杂课题，其理解范畴远超出单纯思维层面的分析，而需深入生物学、行为学、结构与功能学、人与环境互动以及人与社会关系等多个维度进行综合考量。正是对人类智能研究视角的多元化需求，使得人工智能领域不仅是一门独特的自然科学，同时还蕴含了深刻的哲学意蕴。

### 一、人工智能相关概念及其构成要素

#### （一）人工智能相关概念

关于人工智能（AI）的定义，学术界目前尚未达成一致，呈现出多样化的理论视角，诸如“科学技术论”“复杂系统论”“交叉学科论”“思维能力模拟论”“大数据与深度学习融合论”等。许多学者基于不同的学术背景和研究旨趣，对人工智能进行了多维度、多层次的界定与阐释。一部分学者主张，人工智能是通过计算过程模拟理性思维，进而实现理解、推理及行为表现的能力；另一部分学者则强调，人工智能关注

的是智能机器所展现出的、与人类智能相仿的行为模式，包括但不限于判断、推理、证明、感知、识别及理解等高级思维活动。此外，还有学者将人工智能界定为一门专注于模拟、延伸、拓展及学习人类智能的理论、方法论、技术及应用系统的新兴学科。更有甚者，从哲学的高度出发，提出人工智能实则为一个深刻的哲学命题，隶属于认识论的探讨范畴。这些纷繁复杂的观点，从技术特性到哲学思辨，多角度地揭示了人工智能的内在本质与外延边界。

马克思主义为我们提供了一种科学的思维框架，该框架强调在关系性和生成性的双重维度中深入剖析事物的本质。人工智能作为模拟、拓展及学习人类智能的技术实体，通过机械化手段实现了对人类判断、推理、感知、识别、预测等高级知识信息处理行为的外部化承载与执行。从根本性质上审视，人工智能无疑是人类“对象性活动”，即人类以自然界为对象进行实践改造活动的直接产物，它在本质上与马克思主义理论视域中的“机器”概念及“机器体系”架构存在着一致性。人工智能不仅被视为人类生物性器官的技术性延伸，同时还将人类自身纳入了更为宏大的“机器体系”之中，使之成为该体系不可或缺的一部分。尽管马克思主义经典作家并未直接对人工智能这一现代科技现象进行专门的论述，但他们对机器及其社会影响的深刻剖析所蕴含的基本原理，仍然为我们理解和把握人工智能的本质特征、社会功能及潜在影响提供了宝贵的理论资源和分析工具。

人工智能并非孤立的技术实体，而是一个由多项相关技术相互依存、协同进化的综合体系，它根植于计算机科学、互联网技术以及大数据处理等深厚理论基础与技术支撑之中，共同构筑了一种关系性、共生性的技术生态。相较于其他技术领域，人工智能展现出更为显著的溢出效应与技术聚合特性，其影响力跨越多个行业与领域，促进了技术的深度融合与创新升级。计算机、互联网、大数据与人工智能，这一系列技术构成了技术迭代与演化的连贯序列，每一环节均为后续技术的发展奠定了基石，并同时激发了新的技术需求与挑战。这些技术之间以高度聚合的形态相互渗透，形成了一个不可分割的技术整体，其内在的逻辑联系与相互作用机制复杂而深刻。要深入理解人工智能技术的精髓，不仅需要从其构成基础——计算机、互联网、大数据等技术要素的角度出发，还应将其置于更广阔的技术发展背景之中，特别是考虑到区块链、元宇宙等新兴高阶技术对其提出的新要求与影响。人工智能作为区块链与元宇宙构建中的核心要素，同时也受到这些前沿技术的驱动与塑造，共同推动着技术前沿的不断拓展。人工智能的发展轨迹，清晰地勾勒出一条从互联网、大数据到人工智能本身的逐步演进路径。互联网作为信息交流的桥梁，实现了物理世界与虚拟空间的无缝对接，极大地扩展了人类活动的边界；大数据则通过数字化手段，将实体世界的复杂信息转化为可分析的数据流，为智能决策提供了丰富的素材；而人工智能，则是基于大数据的深度挖掘与智能算法的高效运算，以强大的计算能力为支撑，不断优化决策模型，实现了对复杂情境的精准感知、深度认知与高效决策。进一步地，人工智能深度嵌入社会的各个层面与具体关系之中，通过智能算法精确捕捉并解析个体的思想动态、情感变化、行为模式及心理反应，以及与外部环境的复杂互动。它将人类社会的多元生活场景转化为可量化的数据，利用先进的算法进行深度学习与智能优化，按照最优策略指导行动，旨在满足人们日益增长的个性化、多元化及高品质生活需求，展现了人工智能技术深刻的社会价值与广阔的应用前景。

### （二）人工智能的技术要素

人工智能是一门深入探索、阐释及仿效人类智能、行为模式及其深层次规律的学科，其精髓在于实现一系列与人类智能紧密相连的高级功能，这些功能广泛涵盖判断分析、逻辑推理、理论证明、模式识别、感知理解、创意设计、深度思考、战略规划、自主学习以及复杂问题求解等多个维度。该学科的研究视野极为广阔，触及知识表示与处理、自动化推理、高效搜索算法、机器学习理论、自然语言理解技术以及计算机视觉等多个核心领域，这些领域共同构成了人工智能研究的丰富内涵与深厚底蕴。① 随着专家系统、知识工程以及人工神经网络等前沿概念的相继提出与成功应用，人工智能领域正逐步迈向成熟与完善的新阶段。而人工智能之所以能够展现出如此强大的功能与潜力，其根本在于依托了三大关键技术：大数据、算法、算力。

#### 1. 大数据

数据构成了人工智能的基石，它是对现实世界逻辑结构的抽象提炼，象征着对事物本质或实际情况进行系统观察、精确记录及科学鉴别的符号化表达。作为信息的核心体现与传递媒介，数据的存在为信息的流通与应用提供了不可或缺的支撑。纵观历史长河，每一文明阶段均以其独特的战略资源为标志：原始文明依存于石器之利，农业文明则以粮食为生存之本，工业文明则将能源视为发展的驱动力。而今，在数字文明的新纪元中，数据已跃升为一种全新的战略资源，其重要性不言而喻。人工智能的蓬勃发展深受大数据的深刻影响，无论是模式识别、机器视觉，抑或机器学习等领域，均离不开海量数据的支撑，以驱动深度学习与模型训练的进程。以机器学习为例，无论是监督学习还是半监督学习，均高度依赖于精心标注的数据集进行训练，唯有在大数据的坚实基础上进行充分且全面的训练，方能构建出高性能、高质量的模型。数据的规模、普适性、包容度及准确性等特性，直接成为决定模型训练质量的关键要素。值得注意的是，在人工智能产品的开发过程中，最具挑战性的环节往往并非算法设计本身，而是数据的收集与精准标注。数据标注作为众多人工智能算法运行的前置关键步骤，当前仍以人工操作为主，机器辅助为辅，涉及属性标注、轮廓勾勒、关键点标

① 莫宏伟 . 人工智能导论 [M]. 北京：人民邮电出版社，2020.

注、框架构建等多种复杂类型。为了更有效地整合与利用信息，人们通常会对收集到的有效信息进行一系列智能化处理，如噪声滤除、图像锐化、边缘平滑、格式转换等。此外，数据在本质上亦是社会价值观的一种映射与体现。由于数据本身可能存在的片面性与不完整性，经过处理并用于训练算法的数据往往会潜藏一定的“偏见”，这种“偏见”无形中融入了标注人员与算法开发者的价值观念，对算法的决策与输出结果产生深远影响。因此，在人工智能的开发与应用过程中，如何确保数据的全面性、客观性及公正性，已成为一个亟待解决的重要课题。

**2. 算法**

算法构成了人工智能的骨架与灵魂，它通过一系列精心构思的数学符号、工具及步骤的逻辑分析、精确描述与高效实现，对错综复杂的现实世界进行条理化梳理与加速处理。本质上，算法是一种深度融合了信息论、系统论和控制论精髓的问题求解策略与机制。在当前的技术前沿，主流算法主要聚焦于机器学习算法与神经网络算法两大领域，其中，循环神经网络、卷积神经网络以及深度神经网络等算法伴随着深度学习技术的迅猛发展而崭露头角，成为推动人工智能进步的重要力量。算法在处理时间复杂度、空间复杂度以及对象复杂性方面的能力，是衡量其性能优劣与适用性的关键基准。数据与算法作为人类认知能力的拓展与延伸，能够揭示出众多仅凭肉眼难以捕捉的细微信息与深层规律。算法为深度学习提供了坚实的理论基础、灵活的接口以及丰富的预训练神经网络模型，是驱动当前人工智能技术不断突破与创新的核心引擎。深度神经网络的应用范围极为广泛，其结构设计精妙，包括输入层、隐藏层和输出层三大部分，其中隐藏层的多层堆叠构成了一个高度复杂的非线性系统。要成功训练出这样的深度神经网络，不仅需要海量的数据集作为支撑，还需要强大的算法作为后盾。然而，正是多个隐藏层的存在，使数据与最终输出结果之间的逻辑关系变得异常复杂且难以直观解释，人们往往只能接受训练后的网络结构，而无法全面透彻地理解其内部的运行机制，这在一定程度上形成了技术上的“黑箱”效应。此外，值得注意的是，智能算法具有强大的自适应性与自我学习能力，这使它们在实际应用过程中有可能偏离人们最初设定的目标与预期。因此，如何对智能算法进行有效的监控与调优，以确保其始终沿着正确的方向前进，已成为一个亟待解决的重要问题。

**3. 算力**

算力作为人工智能的坚实基石与核心驱动力，承载着运算处理与数据存储的关键任务，其运算速度的快慢与能耗效率的高低，直接决定了人工智能技术的发展层次与应用潜力。具体而言，算力，即计算能力的体现，是指各类处理器，包括 CPU、GPU、TPU、FPGA 等所依赖的硬件设备，在单位时间内完成数据运算与处理的效能。算力的规模与强度，不仅是衡量数据处理能力强弱的核心指标，还是反映人工智能领域发展态势与成就的重要标志。以 ChatGPT 为例，其庞大模型的训练过程需依赖约 28.5 万个核心 CPU 与超过 1 万颗高端 GPU，进行全天候、不间断的数据输入与复杂运算，这一案例深刻揭示了大型人工智能模型对极端算力的迫切需求。当前，算力的主要来源集中于芯片技术，然而，存储速度与计算速度之间的不匹配问题，已成为制约芯片性能进一步提升的关键。为应对这一挑战，科研界正积极投身于存算一体化、类脑计算、DNA 计算等前沿技术的探索与研发，以期实现算力技术的重大突破。随着云计算与人工智能技术的飞速进步，算力已逐渐晋升为与水、电、气等传统基础能源同等重要的地位，成为新型基础设施建设的关键投入领域，为未来数字社会的构建与发展奠定了坚实的基础。目前，算力领域涵盖了云计算算力、智能计算算力、高性能计算算力、混合计算算力以及算力网络等多种类型，它们共同构成了算力生态的丰富多样性与强大支撑力。此外，值得注意的是，算力的所有制问题不仅关乎技术层面的资源配置与优化，更对智能社会的生产关系与意识形态产生着深远的影响。因此，在推进算力技术发展的同时，如何合理规划算力的所有权、使用权与收益权，已成为一个亟待深入思考与解决的重要议题。

## 二、人工智能的技术属性与社会属性

技术是一种根本性的力量，它深刻地重塑着人与人之间的社会关系。技术的本质远非仅仅局限于工具的开发与利用，而是在现实层面上，它体现为一种社会关系的动态建构过程。技术具有鲜明的属人性，它并非孤立存在，而是紧密地嵌入社会结构之中，成为社会运行与发展不可或缺的重要组成部分。人工智能作为“对象性活动”的直接产物，它扮演着“社会人的生产器官”以及“特定社会组织的物质基础”的重要角色。在马克思的理论框架中，人工智能与“机器”和“机器体系”在本质上具有一致性，它们都是技术进步的产物，都对社会关系产生着深远的影响。马克思关于机器的深刻论述，所蕴含的基本原理与核心观点，对于我们理解人工智能的本质与意义仍然具有重要的指导意义。马克思曾对“机器”与“机器体系”进行了明确的区分，将机器划分为作为工具的机器和作为体系的机器两种形态。在工具形态下，人作为创造者和驾驭者，扮演着机器的“主人”；而在体系形态下，人的主体地位则相对降低，成为机器的“附庸”。马克思指出：“一旦劳动资料进入资本的生产过程，它便经历了各种形态的变化，最终形态便是机器，或者更精确地说，是自动的机器体系……这种自动机由众多机械器官和智能器官组成，因此，工人自己只是被当作自动机器体系的一个有意识的组成部分。”① 在这里，机器体系展现为一种强大的整体力量，相对于工人而言具有主导地位。人工智能兼具“机器”和“机器体系”的双重特性。作为“工

① 马克思，恩格斯 . 马克思恩格斯文集：第 8 卷 [M]. 北京：人民出版社，2009.

具形态”的人工智能，是人类器官的延伸与拓展；而作为“体系形态”的人工智能，则使人成为机器体系中的一个“组成部分”，与人工智能共同构成了一个紧密相连的共同体。人类的对象性活动包含具体劳动和抽象劳动两种基本形式，这对应于其自然性（技术性）和社会性的双重属性。作为人类对象性活动的直接产物，人工智能同样具备这两种属性：技术属性和社会属性。人工智能具有技术属性和社会属性高度融合的特点，这一特点使得人工智能在推动社会进步与发展的同时，也对我们理解和处理人与技术之间的关系提出了新的挑战与要求。

### （一）人工智能的技术属性

人工智能深刻地承载并体现了人类具体劳动的客观真理，这一特征在其工作原理中得到了尤为显著的展现。马克思在《资本论》中深入剖析了机器的技术本质，指出机器的工作原理在于对体能动作的精细“分解”，并随后通过机器系统的精妙“组合”来实现生产过程的优化。马克思强调：“机器生产的根本原则，在于将复杂的生产过程拆解为一系列有序的组成阶段。”[①] 机器通过这一拆解过程，将复杂的生产劳动细化为一系列简单易行的动作，进而将这些动作分配给不同的工具来高效执行。“这些工具被设计为仅执行某种特定的简单操作及同类操作，以实现生产效率的最大化。”[②] 通过这种精细的分解与专业化的分配，机器极大地提升了单一操作的劳动效率，凭借其强大的单项动力，能够持续高速地重复执行简单动作，从而在特定领域实现了工作效率的显著提升。机器在“分解”之后进行的“合成”，实质上是一种基于精细分工的高效协作，即“将各个局部工作机器巧妙地结合起来，形成一个协同工作的整体”。通过构建“机器体系”，不同工序被有机地整合在一起，实现了部分人类劳动的有效外包，尽管机器在单项局部能力上展现出了超越人类劳动的优势，但在整体性和创造性方面，人类劳动仍然保持着不可替代的地位。人工智能的技术属性与马克思所揭示的机器技术属性之间存在着深刻的相似性，它们都遵循着“分解 + 增强 + 合成”的技术逻辑。人工智能通过数据化、算法化、聚合化等先进技术手段，实现了对复杂问题的精准分析与高效处理，从而在工作原理上展现了高度的精确性和效率性。

#### 1. 数据化

数据化是一个目标明确的过程，其核心在于将纷繁复杂的信息进行高度的抽象与提炼，并为这些信息分配具有唯一性的数字标态，以便于后续的计算机处理。人工智能则进一步将这一信息处理过程细化分解，通过一系列精妙的算法，最终将复杂信息简化为一系列“是”与“否”的基本判断单元，这些判断单元在计算机内部以“0”和“1”的二进制形式进行高效运算与处理。随着移动终端设备的广泛普及，数据信

① 马克思，恩格斯. 马克思恩格斯文集：第 5 卷 [M]. 北京：人民出版社，2009.

② 马克思，恩格斯. 马克思恩格斯文集：第 8 卷 [M]. 北京：人民出版社，2009.

息的生成量呈现出了爆炸式的增长，这一趋势为人工智能的蓬勃发展奠定了坚实的基础。数据本身具有极强的通用性和聚合性，这使它能够承载并传递大量有价值的信息。人工智能通过大规模的数据收集、精细的筛选以及深度的学习机制，能够不断优化其内部算法，从而揭示事物发展的内在规律，并全面掌握事物发展的整体态势，为科学决策提供强有力的信息支持。此外，人工智能还具备处理“小数据”的能力。通过对个体数据的精确采集、深入分析、细致筛选以及建模处理，人工智能能够准确地描绘出个体的发展状态，为个性化服务和精准决策提供有力支撑。这一能力使得人工智能在应对复杂多变的现实世界时，能够展现出更高的灵活性和适应性。

**2. 算法化**

人工智能的算法处理机制与机器的机械化操作流程之间存在着显著的相似性，其中，算法作为程序化的“规则”体系，发挥着核心驱动作用。当信息被导入算法的处理流程中，就如同原材料被送入机器进行精密加工，会历经一系列高效、标准化的处理步骤，从而实现信息的快速转化与利用。尤为重要的是，人工智能在执行各项任务时，能够始终保持高度的稳定性和一致性，完全不受智力疲劳或情绪波动等人为因素的干扰，其运算速度与精确度均达到了人类难以匹敌的高度。在“局部能力”的层面上，人工智能展现出了明显的优势，其处理速度和准确性均远超人类。然而，在“总体能力”的维度上，人工智能仍难以全面超越人类，尤其是在涉及复杂情感理解、创造性思维等方面。值得注意的是，人工智能在发展过程中，并非孤立存在，而是积极借鉴并融合了人类智能的精髓。它能够根据用户的需求与兴趣，不断激发人类创造出更为智能、高效的算法。通过持续优化这些算法，人工智能得以实现精准的内容推送，及时捕捉并反馈用户信息，从而极大地促进了人与人之间的交互与沟通。这一过程不仅展现了人工智能在信息处理方面的强大能力，更彰显了其在推动人类社会进步与发展中的重要作用。

**3. 聚合化**

人工智能系统通过数据与算法的精妙结合，实现了各组件间的无缝连接。在面对复杂问题时，该系统首先采取了一种分而治之的策略，将大问题细分为一系列易于处理的小问题。在逐一攻克这些小问题后，系统会进一步探寻每个局部或阶段的最优解决方案。紧接着，通过高效的整合机制，这些局部最优解被巧妙地联结起来，使人工智能能够洞察全局，并找到整体上的最优解。信息底层基础的“0”与“1”不仅具有高度的可通约性，还极大地便利了信息的连接与传输。正是得益于这一特性，人工智能在“合”的方面展现出了相较于传统机器系统更为突出的远程共时性和协同共享优势。智能设备的广泛应用，为人工智能提供了强大的支撑平台，使其能够有效地协调多个主体，确保目标的精确设定、活动的精准执行以及评价的精确反馈。这一系列优势共同推动了人工智能在协同工作、智能决策等领域的广泛应用与深入发展。

人工智能已深度渗透至现代社会生活的各个层面，其基石由大数据、算法及算力三大核心要素构筑而成。具体而言，庞大的数据集、深度的学习机制以及超凡的计算能力，共同铸就了当前人工智能独一无二的竞争优势。依托互联网与计算机作为强大的物质支撑平台，人工智能作为一种先进的数字化信息处理与生产模式，其最为突出的特征在于其卓越的精准性能。在应对情境感知与数据采集、数据分析与模型构建以及大数据赋能的决策制定等复杂挑战时，人工智能展现出了显著的优势。它不仅能够高效地处理和分析海量的信息，还能在复杂多变的情境中作出精确的判断与预测。这一特性为提升教育的精准性和有效性开辟了新的可能，使得教育内容与方式能够更加贴近实际需求，从而更好地服务于社会的可持续发展。

### （二）人工智能的社会属性

人工智能作为一项科技成就，其终极归宿是服务于人类的特定目标，并成为人类抽象劳动的载体，具有显著的社会属性。马克思在探讨经济基础与上层建筑的相互关系中，对“机器”及其构成的“机器体系”进行了深刻的批判性分析，揭示了它们对生产力发展、生产关系演变以及上层建筑变革所产生的深远社会历史影响。他细致地描绘了机器初入社会时给劳动者带来的恐慌与不安，并对此进行了理性的剖析。从表象上看，机器的功能似乎凌驾于人类之上，营造出一种人类相较于机器显得逊色的错觉。然而，深入本质，机器的应用实则是以其独特的优势来补充和增强人类的能力。机器的诞生，实质上重塑了人际关系的形态。在操作机器的过程中，人们需遵循机器的运行逻辑，执行既定的操作标准和规范，这或许会给人一种机器主宰人类的错觉。但究其根本，仍是人类在掌控机器，因为机器是人类“对象化活动”的结晶，是人类借助机器这一工具来间接地管理和影响其他人类。这一转变不仅标志着人类存在方式的革新，还触发了人类思维模式的深刻变革。人工智能在信息处理的速度、准确性以及关联性方面，展现出了远超人类智能的卓越能力，从而有效地填补了人类智能的空白。但值得注意的是，人工智能是人类基于特定目的而研发的工具，其本质仍受人类控制。这并非简单的人工智能与人类之间的二元关系，而是人类通过人工智能这一中介，与其他人类建立起的新的联系。在某种意义上，人工智能已经演变成人与人之间交互的一种新型媒介，进一步丰富和拓展了人类社会的联系方式。

#### 1. 人工智能驱动人类进入人工智能时代

马克思指出：“各种经济时代的区别，不在于生产什么，而在于怎样生产，用什么劳动资料生产。劳动资料不仅是人类劳动力发展的测量器，而且是劳动借以进行的社会关系的指示器。”① 在时代划分的理论上，马克思超越了传统以“生产何物”为标

① 马克思，恩格斯．马克思恩格斯文集：第 5 卷 [M]. 北京：人民出版社，2009.

准的分类框架，创新性地提出了以“生产方式及所用劳动资料”为区分依据的新视角。这一洞见深刻把握了事物发展的本质规律，彰显了历史唯物主义的核心思想，并具有极其深远的历史进步意义。从这一维度审视，人工智能作为一种高度技术集成的劳动资料和生产方式，无疑成为新技术革命的领航者和时代的标志性象征。相较于数字、互联网、知识经济、后工业等概念，人工智能更贴切地符合马克思关于时代命名的深刻标准。在物质生产层面，人们开始利用智能机器进行高效生产，而在形式生产层面，人们则运用智能信息进行创新性的生产活动。从机器到人工智能的跨越，不仅深刻反映了社会生产方式的根本性变革，更凸显了人类需求层次的全面提升。如今，人类的需求已不再局限于基本的生理层面，而是扩展到了心理和伦理等更高层次，这些需求在信息的生产和传播过程中表现得尤为显著。马克思在分析生产资料的不同作用时，对机械性生产资料和作为劳动对象容器的生产资料进行了明确区分，并分别将它们比作生产的“骨骼和肌肉系统”以及“脉管系统”。他强调，在当时的社会条件下，机械性生产资料在决定社会生产中发挥着更为关键的作用。而今，随着人工智能的深度融合，生产资料中的“骨骼和肌肉系统”以及“脉管系统”得到了全新的“神经系统”的增补。这一“神经系统”通过信息的高效传输和处理，将“骨骼和肌肉系统”与“脉管系统”有机地整合在一起，从而推动了生产过程的智能化升级。在这一过程中，人类逐渐从繁重的脑力劳动中解放出来，而在满足人类心理和伦理需求方面，“神经系统”相较于传统的骨骼、肌肉和脉管系统，对社会具有更为决定性的意义和影响。

**2. 人工智能推动人的存在方式全面升级**

马克思指出:“人创造环境，同样，环境也创造人。”①人工智能与互联网、大数据、虚拟现实等前沿技术的深度融合，共同构建了一个智慧化的虚拟存在空间。这一空间不仅实现了人与人之间无远弗届的普遍联系，还极大地拓展了人的存在边界，使得人的存在方式在时间维度、空间维度以及表现形式上都发生了深刻而显著的变化。人与人之间的联系因此变得更加紧密、便捷且智能化。人工智能在虚拟与现实空间中的广泛渗透，促使社会空间实现了高度的联结与整合，展现出了鲜明的智能化发展态势。这一态势既涵盖了物质层面的智能化改造，也包含了精神层面的智慧化提升，共同构成了一个复杂而多维的环境系统。具体而言，人工智能在多个层面上产生了深远的影响：在物质生产层面，人工智能作为一股强大的驱动力，推动了产业结构的深刻变革，促进了大数据、云计算等新兴技术的蓬勃发展以及产业模式的不断创新。它全面渗透社会的各个领域和角落，推动生产力从传统的工业化模式向智能化模式转型，实现了物质生产力的飞速提升。在阶级力量层面，人工智能引领的产业变革对工人阶级和社会结构产生了深远的影响。传统的“蓝领”工人逐渐减少，而与机器人紧密协作

---

① 马克思，恩格斯．马克思恩格斯文集：第 1 卷 [M]. 北京：人民出版社，2012.

的“金领”“白领”“灰领”等新型工人群体则不断涌现，为社会的多元化发展注入了新的活力。在上层建筑层面，人工智能的广泛应用推动了社会治理体系和治理能力的现代化进程。在社会意识层面，人工智能所引发的生产和生活方式的变革最终深刻反映在社会意识上，推动了人们思维方式的根本性转变。人们认识世界的方式变得更加智能化和高效化，对世界的理解也更加深入和全面。同时，数据作为一种重要的资源形态，其“质”与“量”的差异直接影响着人们的社会地位、认知水平以及发展潜力。

**3. 区分人工智能的资本主义应用与社会主义应用**

马克思与恩格斯在《资本论》中，通过对机器与社会互动关系的深刻剖析，揭示了机器所蕴含的社会属性，并进一步追溯了其背后的社会制度根源。在面对人工智能与社会这一更为复杂的关系时，我们应借鉴这一分析方法，不仅深入挖掘人工智能的社会属性，而且需清晰辨明其在资本主义与社会主义两种不同社会形态下的应用差异。马克思曾严厉批判机器逻辑与资本逻辑相互交织所引发的劳动异化现象。在资本主义体系中，科学技术往往被资本所俘获，转化为一种资本权力，用以操控劳动者的生产活动，榨取剩余价值，并由此引发一系列深刻的社会伦理问题。类似地，人工智能在资本主义背景下的应用，同样面临着被异化为少数人谋取私利、剥削他人的工具的风险。然而，在社会主义体系中，人工智能的应用则应秉持人的自由与全面发展这一核心价值追求，坚守“以人民为中心”的发展理念。在这一社会制度下，人工智能的社会价值得以全面展现，它有望成为解放人们时间与空间、助力实现人民美好生活愿景的重要力量。当然，我们也不能忽视人工智能使用不当可能带来的社会伦理挑战。因此，我们坚信，只有在公正合理的社会制度下，人工智能所带来的人类劳动时间的节约与释放，才能真正成为推动人类迈向美好生活的积极力量；否则，它可能会加剧社会的“两极分化”现象，扩大社会不平等。为此，在人工智能的应用实践中，我们必须坚持以“人民逻辑”来引导和约束“资本逻辑”，防止“资本逻辑”所诱发的技术异化，确保人工智能能够沿着正确、健康的道路发展，为人类的福祉贡献力量。

人工智能技术的迅猛发展，已显著减轻了人类在体力劳动与脑力劳动方面的沉重负担，并在某些特定领域内展现出替代人类劳动的巨大潜力，从而成为人类不可或缺的得力助手。它不仅能够高效地进行数据收集、筛选、分析，还能辅助人类作出精准决策，使人们能够节省更多宝贵的时间，进而提升个人的生活质量和幸福感。通过深度整合生产生活中的各类工具，人工智能正从根本上重塑着我们的生活方式。智能手机、智能穿戴设备、智能家电、智能汽车等智能产品，已然成为人们日常生活中不可或缺的重要组成部分，深刻影响着我们的衣食住行。

智能社会的快速进步，使人类得以从那些繁重、危险、重复、单调且缺乏创造性的劳动中解脱出来，拥有了更多的“自由时间”去追求精神生活的丰富与多彩。然而，这一变革也带来了新的挑战：如果社会的文化、教育等公共事业未能及时跟上步伐，为人们健康、有效地利用这些新增的“自由时间”提供充分的支持与引导，那么可能会引发比物质短缺更为严重、更难以解决的精神空虚问题。这类问题具有高度的复杂性和个性化特点，呈现出“一人一案”的独特性，因此迫切要求我们对社会文化与教育进行深度的守正创新，以满足人们日益增长且日益多元化的精神文化生活需求。在此背景下，人工智能的社会属性内在地蕴含着推动社会责任教育发展的必然性。我们必须充分认识到，人工智能不仅是一种技术革新，更是一种社会变革的推动力量。因此，在推动人工智能技术应用的同时，我们也应高度重视其带来的社会责任问题，通过加强社会责任教育，引导人们正确、健康地使用人工智能技术，共同构建一个更加和谐、美好的智能社会。

## 第二节　大学生素质教育的相关概念界定

一个国家、民族乃至整个社会的文明深度与发展速度，在根本上是由其公民的素质所决定的。而公民素质的提升，又在极大程度上依赖于该国、该民族以及该社会在教育领域的投入与发展水平。从本质上讲，任何形式的教育都是社会需求的映射，同时也需遵循教育自身的内在发展规律，旨在培育、塑造并改造个体。大学生作为未来社会建设的中坚力量，他们的综合素质对于社会的持续进步与民族的伟大复兴具有举足轻重的影响。为了实现中华民族伟大复兴的中国梦，我们必须秉持与时俱进的理念，勇于开拓创新，不断优化与改进教育工作。其中，尤为关键的是切实提高大学生的政治道德素质、科学文化素质以及身心素质。

### 一、素质的内涵与特征

为了深入理解并有效实施素质教育，我们必须精确掌握“素质”这一概念的定义及其特征。同时，我们需要以当前大学生的素质状况为出发点，明确并梳理实施素质教育的具体路径与策略。

#### （一）素质的基本内涵

“素质”一词，原本指代个体与生俱来的解剖生理特质，这些特质主要由遗传决定，通常被称作“遗传素质”。《心理学大辞典》将素质定义为“有机体天生具有的某些解剖和生理的特性，主要是神经系统、脑的特性，以及感官和运动器官的特性”①。这些共同构成了个体能力发展的自然基石。

① 林崇德 . 心理学大辞典 [M]. 上海：上海教育出版社，2003.

尽管“素质”源于先天，而教育是后天进行的，但后天的教育并不能创造先天的素质。然而，众多学者认为，先天的素质仅为个体发展提供了生理基础，而后天的环境与教育则能够进一步开发这些潜在的先天能力，进而完善和提升个体的整体素质结构。教育界所探讨的“素质”，实际上是先天遗传与后天环境及教育影响相结合的产物，形成了一种相对稳定的基本品质框架。

1999 年出版的《辞海》对“素质”这一概念进行了全面而深刻的诠释，将其定义为个体或事物在特定方面所固有的根本特性与基础条件。这一概念涵盖了人们通过长期实践所积累起来的各种素养，例如政治素质与文化素质等，它们构成了个体内在品质的重要组成部分。在心理学的研究范畴中，“素质”被进一步细化为专指人的先天解剖生理特征，尤其强调了感觉器官与神经系统在人的心理发展中的基础性作用。这些先天特征为心理活动的展开提供了必要的生理基础，但并不直接决定心理内容的具体形态及其发展水平。值得注意的是，对于某些素质上的缺陷，个体可以通过不断的实践与学习来实现一定程度的补偿与提升。

顾明远主编的《教育大辞典》则从素质教育的理论与实践出发，对“素质”进行了更为详尽的阐释。该辞典强调了个体先天所具备的解剖生理特点，特别是神经系统、感觉器官以及运动器官的机能特性，这些特点均源于遗传，因此也被称作遗传素质或天赋秉性。这些先天素质对于个体能力的形成与发展具有深远的影响，构成了个体潜能的基石。同时，该辞典还指出了“素质”在另一层面上的含义，即个体在后天环境与教育的共同作用下所塑造出来的基本品质，如国民素质与民族素质等，它们体现了社会环境与文化教育对个体发展的深刻影响。

人的“素质”并不仅限于某一方面的知识或能力，而是一个更为宽泛的概念。它涵盖了人的内在品质的总和，这些品质是通过学习、训练和内化等过程逐渐形成的稳定的基本结构。

### （二）素质的主要特征

#### 1. 遗传性与习得性

从素质的深层次根源探讨，其本质乃遗传性与习得性的双重交织，更精确而言，素质是这两者相互融合、共同作用的结果。遗传性，亦可理解为一种先天赋予的特质，它根植于个体的生物遗传之中，构成了个体素质的基石。人类的部分素质，如解剖生理特征等自然素质，便是先天赋予、与生俱来的，这些素质的形成与展现，无不彰显着生物遗传的强大力量。换言之，素质中那些与生俱来的自然属性，其背后蕴含着遗传性的深刻印记。而习得性，则是个体在后天环境中，通过教育、实践等多种途径逐渐获得并塑造的素质。这部分素质并非源自遗传，而是在遗传特质的基础上，受到外界环境的深刻影响，通过个体的学习与实践活动而逐渐形成的。可以说，素质中那些通过后天努力与经验积累而获得的品质，正是习得性的生动体现。因此，从宏观的角度来看，素质是遗传性与习得性在个体身上的和谐统一。遗传性为个体提供了发展的初始条件与潜在可能，构成了个体素质的基石；而习得性则是个体在遗传特质的基础上，通过不断的学习与实践，实现自我成长与提升的重要驱动力。唯有以遗传性素质为根基，习得性素质才能生根发芽，茁壮成长。换句话说，只有遗传性与习得性相辅相成，共同作用于个体，才能构筑出完整、全面且富有活力的个体素质。

**2. 自然性与社会性**

自然性与先天性紧密相连。由于人类素质的部分特征源自遗传，因此这些特征自然而然地带有生物性因素，并在无形中蕴含了自然环境的影响，展现出其独特的自然属性。相对地，社会性与后天性息息相关。人类素质的另一部分是通过学习获得的，因此它们承载着文化因素的深刻内涵，并受到社会环境的深远影响，从而打上了社会烙印，彰显了社会性的特质。从整体视角来看，素质实则是自然性与社会性的和谐统一。自然性与社会性的相互关系、遗传性与习得性的统一关系在本质上是相契合的。

**3. 内潜性与外显性**

内潜性这一概念，深刻地揭示了素质的本质特征，即素质往往以潜能的形式潜藏于个体内部，尚未明显展现，等待着被进一步发掘与培育。这种潜能并非遥不可及的神秘存在，而是个体心理发展及素质形成的潜在能量与可能性。为了将这些潜能转化为实际的发展成果，我们必须创造有利的环境与条件，充分激发并挖掘个体的内在潜能，即实现素质内潜性的有效释放。这一过程是素质发展的关键环节，它促使个体潜能从潜在状态向现实状态转变。一旦个体的素质形成，它便会在个体的日常活动与行为中自然而然地表现出来。他人只需通过细心观察，便能洞察个体素质的高低与优劣。个体的言行举止、人际交往方式等都是其素质状况的直观体现，同时，一个人的素质也深刻地反映了其为人处世的原则与态度。这便是素质外显性的深刻内涵，它揭示了素质与个体行为之间的紧密联系。从宏观的角度来看，素质是内潜性与现实性的有机统一体。这种统一不仅体现了素质的可能性与现实性之间的紧密联系，还揭示了它们之间的相互作用与转化关系。可能性为现实性提供了基础与源泉，而现实性则是可能性的实现与体现。只有内潜性与现实性在个体身上达到和谐统一，才能构筑出完整、全面的素质，推动个体实现自我发展与完善。

**4. 稳固性与可塑性**

稳固性是指无论是先天遗传的自然特质，还是后天通过学习与实践所获得的社会品质，这些素质特征均展现出一种相对持久且不易发生显著变化的特性。它们在个体的生命周期内持续存在，对个体的行为、思维及情感等方面产生深远的影响。这一特性为个体提供了稳定的心理基础和行为模式，使个体能够在复杂多变的环境中保持一定的连贯性和一致性。而可塑性，亦被称为发展性，揭示了素质在稳固性基础上的动态变化特征。尽管素质在形成后具有一定的稳固基础，但它并非一成不变。在特定的条件下，素质有可能发生某种程度的改变、调整和优化。这种可塑性为个体提供了发展的潜力和空间，使个体能够根据环境的变化和自身的需求，不断调整和提升自己的素质。明清之际的杰出思想家王夫之曾提出“未成可成，已成可革”的观点，这一思想深刻地揭示了人性及素质发展的动态性和可塑性。从全局的视角来看，素质是稳固性与可塑性的有机统一体。稳固性为可塑性提供了坚实的基础和支撑，使个体在保持一定稳定性的同时，能够拥有发展的潜力和空间；而可塑性则是对稳固素质进行改变和提升的过程，它推动个体不断适应环境的变化，实现自我超越和发展。同时，可塑性也是形成新的稳固性的重要手段，通过不断地调整和优化，个体能够形成更加完善、稳定的素质状态。而稳固的素质状态则是可塑性努力追求的目标，它为个体提供了稳定的心理基础和行为模式，使个体能够在复杂多变的环境中保持一定的连贯性和一致性。因此，稳固性与可塑性的和谐统一，为个体素质的持续提升提供了可能。这种统一不仅体现了素质的稳定性和动态性的相互补充，而且也揭示了素质发展的内在规律和动力。只有在稳固性与可塑性相互协调、共同作用下，个体才能够实现素质的全面提升和持续发展。

**5. 整体性与个别性**

素质的整体性具有两层意蕴：其一，各种素质之间紧密相连、相互交融，共同构筑成一个有机的整体；其二，这一整体性的素质能够协同作用，发挥综合功能。这两层含义在本质上是相辅相成的，即素质的有机整体性是其能够产生综合效应的基础。与此同时，素质的个别性也包含着两层含义：首先，尽管各种素质之间存在着紧密的联系且不可分割，但它们各自又保持着相对的独立性；其次，这些相对独立的素质能够各自发挥出其独特的作用。实质上，这两层含义是内在统一的，即各种素质的相对独立性赋予了它们各自独特的功能。因此，从宏观的视角来看，素质是整体性与个别性的和谐统一。我们既要充分认识到素质的整体性，以发挥其协同作用的综合效应，又要关注每一种素质的独立性，以确保它们能够各自发挥出应有的功能。只有将整体性与个别性有机地结合起来，我们才能最大限度地发挥出素质在人生发展中的重要作用和价值。

**6. 群体性与个体性**

群体性指的是某一群体内部成员所共有的素质特征。因此，我们也可将素质的群体性理解为素质的共同性。基于这一理念，我们得以探讨诸如民族素质、公民素质等概念。这些不同层面的素质，均体现了群体内成员所共享的特征，即群体素质或素质的群体性。个体性则是指每个个体所独具的素质特点。从这个角度来说，素质的个体性亦可被视为素质的差别性。例如，张三、李四和王五之间的素质各不相同，这正是素质个体性的体现。同样地，政治素质、思想素质、文化素质及科学素质等，在某种程度上也可视作个体素质的展现，或者说是素质的个体性。从整体视角出发，素质实际上是群体性与个体性的有机结合。这种统一，在本质上体现了共同性与差别性的和谐共存。众所周知，共同性与差别性是相互依存、不可分割的。共同性之中蕴含着个体间的差别，而差别性之中又透露出某种共同性。唯有深刻理解和把握这种统一关系，我们才能真正洞悉素质的内涵与真谛。

### （三）素质的类别与关系

#### 1. 素质的类别

素质的分类是一个既重要又复杂的问题，但同时也是一个值得我们深入讨论并力求达成共识的议题。在此，我们提出一个三类素质的划分框架。

（1）身体素质，也被称为生理素质。这一类别涵盖了人们天生具备的感知器官、运动器官、神经系统，特别是大脑在解剖结构与生理功能上的一系列稳定特性。此外，身体素质还应包括个体出生时即具备的一些本能反应，例如饮食本能、防御本能以及性本能等。鉴于这些解剖生理特征及本能均源自遗传，因此我们可以认为，身体素质主要是一种受先天因素主导的素质。

（2）心理素质。这一类别是指在教育引导、环境熏陶和学习实践等多重因素的共同作用下，逐步形成的一系列稳定且深层的心理特征。这些特征可细分为两大核心维度：一是认知—智力因素品质，它关乎个体的智力水平、认知能力及思维模式；二是意向—非智力因素品质，这涉及个体的情感倾向、意志强度及性格特质等。值得注意的是，心理素质的形成并非一蹴而就，而是个体在后天生活经历与活动过程中，基于其先天身体素质的基底，通过不断学习与实践逐渐累积与内化的结果。因此，心理素质可以被视为先天遗传基础与后天环境塑造共同作用下的综合体现，它深刻反映了个体内外因素相互作用、相互影响的复杂过程。

（3）养成素质。该类别涵盖文化素质、科学素质、道德素质以及政治素质等多个方面。这些素质是个体在选择、适应以及改造社会环境的过程中，逐步培养起来的一系列稳定的社会性品质。由于这些品质主要是在实践活动中获得的，因此我们可以说，养成素质主要是受后天因素主导的素质。

#### 2. 三类素质之间的辩证关系

可通过剖析三类素质之间的内在联系与相互作用揭示本质特征。各类素质在保持相对独立性的同时，形成了有机统一的整体系统。尤为值得注意的是，身体素质作为基础层面，实质蕴含了心理与养成素质的深层基因：其一，本能反应虽属生物性机能，却通过情绪中枢与心理活动形成双向传导，展现出身心交互的典型特征；其二，人脑作为身体素质的核心载体，其进化过程实质上呈现为生物演化与文化积淀的双重进程。神经系统的可塑性不仅体现生物适应机制，更承载着人类文明通过语言符号、社会经验形成的代际传承功能，这种独特的文化养成性正是人脑区别于动物脑的本质特征。由此可见，素质系统的三维结构存在着天然的渗透机制，这种动态交融构成了人类素质发展的根本动力。

马克思主义理论指出，在人的身上，纯粹的自然本性已不复存在，而是被深刻的社会本性所塑造与烙印。这一观点充分强调了身体素质与养成素质之间的相互影响与融合。从本质上而言，养成素质是心理素质的一种具体体现，它凸显了人们在选择、适应及改造社会环境过程中心理能力的重要性。为了更清晰地揭示这一层面的素质特征，我们特将这一部分从心理素质中分离出来，统称为养成素质。心理素质，作为以身体素质为基础的心理特质集合，是在个体持续接受文化教育、受社会环境熏陶的过程中逐渐塑造与形成的。这一过程充分表明了心理素质与身体素质、养成素质之间存在着难以分割的紧密联系，它们相互依存、共同作用于个体的成长与发展。

## 二、素质教育的特征

### （一）素质教育的含义

人的素质不仅涵盖由生理遗传所显现的特征，如肌肉发达程度、速度与耐力、肺活量等，更深入地，它指向个体通过后天学习所积累的各种社会属性，这些属性包括但不限于观念意识、道德品格、价值取向、情操趣味以及文化素养等。正是基于对这种素质社会性的深刻理解，我们提出了素质教育的理念。因此，素质教育在本质上必须面向所有学生，其宗旨在于引导个体成为真正的社会人。在这里，“人是一切社会关系的总和”这一观点得到了最充分的展现。因此，我们可以对素质教育进行如下深入的定义：素质教育是根据人的全面发展需求和社会发展的实际要求，全面贯彻落实党的教育方针，以提升全体学生的基本素质为根本目标，以培育学生的创新精神和实践能力为重要使命。它借助多种科学、高效的教育手段，旨在培养出一批批具备“有理想、有道德、有文化、有纪律”的全面发展型人才。这些人才不仅能够在社会主义事业中发挥积极的作用，还能够成为合格的建设者和接班人，为社会的进步与发展贡献自己的力量。

素质教育的核心理念包含三个要点：一是必须面向全体学生，确保教育的普及性和公平性；二是追求德、智、体、美、劳的全方位发展，旨在塑造全面发展的个体；三是鼓励学生主动发展，激发学生的主观能动性和创新精神。

### （二）素质教育的重点

教育可被视作人类求生存本能的自然延展。国际上普遍认同的一种观点是：“教育的本质在于教授生存之道。”置身于这个高度竞争的世界，身处于“信息爆炸”的时代背景下，每个人都应从人类社会的长远生存与持续发展角度出发，来规范自身行为。这要求我们不仅要致力于智力的深度开发，更需塑造健全的人格。换言之，我们不仅要关注个人与家庭福祉，还应将视野拓展至国家、民族的兴旺，关心他人福祉，关注社会道德建设，乃至探究地球与宇宙的深层真理。在 20 世纪末，联合国教科文组织在相继发布了《学会生存》与《学会关心》两份重要报告后，汇聚全球教育与科学领域的最新洞见，为 21 世纪的教育发展提出了战略性建议与行动纲领。该组织发布的《学习：内在的财富》专题报告，深刻阐述了教育在推动社会与个人发展中的基石作用。报告强调：“教育的根本使命在于使每一个人（无一例外）都能发掘并发展自身的才能和创造性潜能。”报告倡导以公平为核心价值，致力于提升人的全面素质，着重培养学生发现问题、研究问题以及解决问题的能力。这一教育理念业已成为全球教育改革的主导趋势。面向 21 世纪的教育，将实现从“学会生存”到“学会关心”，再到“学会创造”的跨越。它不仅服务于物质文明的建设，同时还将成为推动精神文明发展的重要力量。

**1. 重视教育对象主体能动性的发挥**

实施素质教育，关键在于全面激发教育对象的主观能动性与创造性，为学生未来融入社会生活奠定坚实基础，并提供多样化的发展路径。为实现这一目标，我们需要精心策划多种教育方案，以充分调动学生在运动、观察、实践操作、逻辑思考以及审美鉴赏等方面的主观能动性。通过这些方案，我们将唤醒学生的自主发展意识，鼓励他们通过个人的创造性活动，不断探索新的可能性，塑造独特的自我，进而勇敢地开辟属于自己的未来。

**2. 重视非智能因素的培养**

非智能因素主要涉及与认知过程紧密相连的情感和意志过程，这两者在心理现象中构成了不同过程的有机统一。在人类的成长与发展过程中，除了智能因素起作用外，非智能因素也扮演着举足轻重的角色，且这些非智能因素为智力的稳步发展提供了坚实的支撑。实际上，个体之间在智力发展上的差异，很大程度上源于非智能因素的不同，如兴趣的深度、意志的坚定性以及道德品质的高低等。可以断言，非智能因素在智力发展中起到了至关重要的作用。

**3. 重视学生创造思维能力的培养**

素质教育所强调的创造能力，其本质在于通过系统的教育与训练过程，将外在的诱因或条件转化为教育对象内在的思维驱动力，推动其自主开展创造性的思维活动。更具体地说，这种创造能力体现为一种积极主动的创新意识，一种根植于个体深处、对创新活动充满渴望的内在动力，其核心在于促进创造性思维和想象力的全面发展与提升。在素质教育的框架下，培养创造能力的首要任务在于巩固学生的基础能力体系，这涵盖了观察与发现问题的能力，即敏锐地捕捉问题、准确地界定问题的能力。素质教育还应在学习与研究的方法上，着重培养学生的创新能力。现代高等教育体系对归纳法给予了高度的重视，并将其视为激发学生创新潜能的有效途径。例如，通过向学生展示一系列相关的材料或现象，同时减少或仅提供必要的引导，鼓励学生依靠自己的力量进行独立思考、自主探索，从而发现其中的内在联系并推导出结论。这种探索性的学习过程，不仅能够有效地锻炼学生的观察力和组织能力，还能极大地激发他们的创新兴趣，培养他们的创新动力。因此，在教学方法的选择上，素质教育应摒弃单一、刻板的教学模式，不仅要重视演绎法的运用，更要注重归纳法的引入。通过这两种方法的有机结合，可以更有效地激发教育对象的创新潜能，培养他们的创新能力，从而为他们未来的全面发展奠定坚实的基础。

#### 4. 重视学生健康人格的培养

人格即个体在经历社会化进程后所塑造的、兼具内在统一性与相对稳定性的独特个人特质框架。它作为个体思想与行为模式的综合展现，鲜明地体现了每个人的个性化风貌。针对现代大学生而言，一个健康的人格构成，其核心特质在于积极进取，这一特征不仅是其人格大厦的基石，还是推动其不断前行的内在动力。具体而言，现代大学生健康人格的构建，是进取心、创造力与协调性这三大精神要素的和谐统一与深度融合。

常言道：“做人之道不明，何以立业？”大学教育的首要任务应是传授学生如何立身处世，如何塑造一个有理想、有道德、具备社会良知与责任感的人。在学生群体中，存在着两种极端现象：“不懂做人”与“过于世故”，这两者均不为人们所赞许。前者常被视为愚昧、迟钝，后者则被认为圆滑、虚伪。要将这两者有效结合，引导他们形成恰当的处世态度，就需要将教育学生如何做人，转化为塑造健康人格的教育。通过健康人格教育，帮助学生形成较高的人格魅力，从而为学生的全面发展奠定坚实基础。北京师范大学附属实验中学的金从武老师，为学生设立了明确的做人目标：成为身心健康的中国人，成为推动国家进步的中国人，成为影响世界发展的中国人。他将这一目标贯穿于教育实践中，取得了显著成效，其教育理念与实践方法值得我们深入思考与借鉴。

### （三）素质教育的主要特征

#### 1. 基础性与成功性

素质教育的基础性特征，体现在其全面培养学生为适应未来社会多样化职业需求所必备的基本素养、能力、知识和技能上。这种教育模式致力于为学生的未来人生做准备，通过提供全方位的教育资源，帮助学生建构起坚实的个人发展基础。

素质教育作为对传统教育模式的一种革新与补充，其核心目标在于纠正过往教育中过度偏重知识传授而忽视创造性思维培育的偏颇。它着重激发创新性学习，鼓励学生不囿于既有的书本知识与生活经验，勇于探索未知领域。它引导学生自主地观察新事物、构建新观念、掌握新技能，以期解决那些前人未曾触及的问题，并深刻理解科学结论的相对性——在特定条件下成立，随条件变化而可能发生改变。它强调，“正确答案”或“最佳方法”并非绝对，而是须根据情境灵活调整。素质教育的精髓，在于点燃学生的创造热情，培育其创造意识，组织创造性实践活动，鼓励学生主动发现问题，并探索多元化的解决路径。为实现这一目标，素质教育要求教师精心构建特殊的教育环境，采纳创新的教学方法，以期最大限度地激发学生的创造潜能。通过这一教育过程，学生将塑造出完整、丰富、独立且健全的人格，培养出适应现代社会要求的意识，从而实现个人发展与社会进步的和谐共生。

从心理学视角审视，人类天生具备追求成功、规避失败的心理倾向，每个人都怀有对成功的渴望，并有能力通过努力达成目标。这些心理机制奠定了个体的成功心理或成功意识的基础。素质教育的成功性，正是植根于这些心理规律之上，它致力于创造有利条件，确保每位学生都能在某一层面获得成功，即达到既定的素质标准。这一教育理念不仅聚焦于学生的知识积累，更将重心放在其心理素质与成功能力的培养上，以期为学生的全面发展奠定坚实基础。

**2. 全体性和全面性**

素质教育的全体性特征，强调的是其教育范畴的广泛覆盖，即面向全体社会成员，而非局限于某一特定群体。它并不否认天才的存在及其潜力，但坚决反对将教育体系整体扭曲为仅服务于天才的精英化模式。素质教育本质上拒绝任何形式的选择性或淘汰性机制，转而致力于促进每个个体在其既有基础之上实现最大限度的成长与发展。这一教育理念秉持平等原则，尊重每一位学生的独特性与尊严，同时明确反对教育实践中的平均主义倾向，以确保教育资源的公平分配与利用。

素质教育的全面性特征，则体现在其通过实施一系列综合性的教育策略，旨在全面提升国民的整体素质。它不仅着眼于培养具备德、智、体、美、劳全面发展的社会主义现代化建设者和接班人，更强调公共素质教育与专业化系统教育的深度融合。在这一过程中，素质教育高度关注学生知识体系的建构、情感态度的培养、意志品质的锤炼、行为规范的养成，以及智力与非智力因素的协同发展。它特别重视将德、智、体、美、劳等各方面的素质要求具体落实到每一个学生的个体发展之中，力求实现学生素质的全面、均衡提升。

**3. 发展性和个性化**

素质教育的发展性特质，其精髓在于推动学生个性化发展的全面实现。通过素质教育的深入实施，我们旨在为学生提供一个充分且自由的平台，使其能够基于个人兴趣、爱好及特长，实现自主、独立与创造性的全面发展。这一教育模式不仅关注学生的知识技能培养，更重视激发他们的内在动力，促使学习成为一个由学生自主驱动、持续进步的过程。在此教育氛围下，学生的个性得以在持续的学习与实践中不断深化与完善，形成独特的个人风貌。素质教育深刻把握了人类在基本素质上的共通性与个体间的差异性。一方面，人类基本素质的共通性为个体的多样化发展奠定了坚实的基础，提供了无限的可能性；另一方面，由于外部环境与教育影响的差异，以及每个人主观能动性的不同，个体间呈现出显著的差异性与独特性。素质教育正是基于这一深刻洞察，通过精心策划的教育过程，旨在助力每个人在自身原有基础上实现进一步的成长与提升。尤为重要的是，素质教育坚决反对教育上的平均主义倾向。它并不试图消除人与人之间的差异，而是致力于引导个体形成积极的态度与价值观，进而建立一种内在的自我激励与约束机制。这种机制能够激发学生的内在潜能，推动他们在不断追求自我完善的过程中，实现个性化的全面发展。因此，素质教育不仅是一种教育理念，更是一种促进学生全面发展、实现自我价值的实践路径。

**4. 交互性与层次性**

交互性，抑或称为相互制约性，深刻揭示了不同素质间存在的复杂而微妙的相互影响与制约关系。这一特性主要体现在两个维度：一是正向的相互促进效应，即当某一方面的素质教育取得进展时，会激发其他方面的素质教育同步提升，形成一种积极的“共生共荣”现象；二是负向的相互抑制效应，意味着某一方面的素质教育若出现衰退，将不可避免地对其他方面的素质教育产生消极影响，导致“一损俱损”的后果。因此，在推进素质教育的进程中，我们必须秉持全面性与综合性的原则，确保各方面素质的均衡发展，避免片面强调或忽视任何一方面，从而违背素质教育的全面发展宗旨。

层次性则包含两个层面的含义：一是人的三类素质——生理素质、心理素质和养成素质。其中，生理素质作为物质基础，是其他两类素质发展的基石；心理素质作为核心层，对生理素质和养成素质均产生深远影响；而养成素质则作为调节层，既基于生理素质和心理素质，又为其打上社会文化的烙印。这种素质的层次性直接决定了素质教育的层次性，要求我们在教育实践中重视并发挥每一类素质的独特作用。二是每一类素质内部也存在从低级到高级、从简单到复杂的层次性发展。在制订教育目标、选择教育内容和运用教育方法时，我们必须充分考虑这一特点，以实现教育的针对性和有效性。

交互性与层次性在素质教育中是统一的整体。交互性着眼于事物之间的横向联系和影响，而层次性则关注事物内部的纵向结构和发展。两者的结合体现了事物发展的复杂性和多维性，要求我们在实施素质教育时，既要全面考虑各方面素质的相互影响，又要深入理解每一类素质的内在层次和发展规律。

**5. 内化性与外化性**

除生理素质作为先天赋予的基础外，人的心理素质与养成素质均是通过后天的持续学习及丰富经验的累积而逐步塑造的。同时，生理素质的优化与提升也离不开外部环境的积极影响与推动。从根本上说，学生内在的主体素质是外部客体因素经过一系列复杂转化过程内化而成的，这一转化机制深刻体现了素质教育的内化性特质。为了高效且深入地推进素质教育，我们必须精准把握并充分利用这一内化环节的关键作用。

内化的过程必然伴随着外化。当学生通过素质教育内化形成各种素质后，他们需要基于这些素质积极参与实践活动，运用自身能力解决实际问题。换言之，学生内部的主体素质需要外化为具体的行动和成果，这体现了素质教育的外化性。在实施素质教育时，我们既要关注内化的过程，也要及时引导和促进学生的外化表现，以培养他们的实践能力。

内化性与外化性在素质教育中是相互统一、相互促进的。物质转化为精神，即“有形于无形”，是内化的过程；而精神转化为物质，即“无形于有形”，则是外化的表现。这两者构成了素质教育过程中相辅相成的两个阶段（环节）。素质教育的实施就是一个不断内化与外化的循环往复过程，通过这样的过程，学生的素质得以持续发展和完善。

**6. 理论性与实践性**

所谓理论性，指的是素质教育作为一种教育理论、教育思想以及教育观念，其理论特性显著。尽管素质教育在我国的兴起与推广的时间较短，但它实质上汲取了古今中外一切有价值的教育理论、教育思想与教育观念之精髓，凝聚了人类历代积累的教育智慧与经验。当然，我们也必须承认，素质教育理论体系尚待进一步完善，仍需更多有识之士深入探索与丰富。同时，素质教育不仅是对历史教育理论的继承，更是历代尤其是当代教育实践成果的体现。它从教育实践中汲取灵感，又反过来指导实践，这恰恰体现了其实践性的内涵。这一特性要求我们必须将素质教育理念付诸实际行动，全面推进其实施。实践是检验真理的唯一标准。唯有通过实践的检验与锤炼，素质教育才能真正扎根，进而成为我国 21 世纪教育改革与发展的核心旋律。

理论性与实践性的统一。数年前，我国学者便深刻指出：“素质教育绝非针对表面问题的局部改革，而是一场从理论到实践、从思想到行动的全面、深入的教育改革。”这一观点充分彰显了素质教育在理论与实践层面的高度统一。

**7. 民族性和时代性**

由于不同的民族和历史时期对素质教育的需求存在差异，因此素质教育呈现出独特的民族性和时代性特征。在与社会的互动中，每个民族都展现出两种核心目标：生存与发展。为实现这两大目标，民族必须具备在特定环境下生存和发展所必需的核心素质。素质教育的核心使命，便是弘扬民族的优质素质，摒弃其不足，以全面提升整个民族的综合素质，这恰恰体现了素质教育的民族性。随着社会的持续进步与发展，新时代对个体乃至整个民族的素质提出了更高的要求。素质教育必须从人的全面发展角度出发，积极适应科技和社会的演变，与时俱进，以推动人的更广泛发展，这凸显了素质教育的时代性特征。

现代人所追求的素质教育，已不再是单纯以升学或就业为直接目标。相反地，它更着眼于 21 世纪的需求。当前，人们在审视现有的教学计划、教材及培养方式时，常批评其过于拘泥于“过去”的需求。传统的教育方式过于强调将人类已有的知识、经验和道德规范传递给下一代，旨在让下一代按照前人的方式思考、生活和工作。然而，素质教育的出现正是为了打破这种教育上的“惰性”，其目标在于使下一代更好地适应未来发展的需要。鉴于 21 世纪的发展速度将超过以往任何一个世纪，教育所赋予人的不仅仅是现有的知识和经验，更重要的是在快速变化的环境中抓住各种发展机遇。因此，当代人应在知识广度、能力结构和心理素质等方面，全面提升并超越前人。为此，素质教育所构建的教学计划、教材及培训方式均面向未来，从某种意义上说，这标志着教育价值观的重大转变。

## 第三节　大学生素质教育的现状和特征

### 一、正确认识几个问题

通过以上对素质教育的含义的界定和特征的剖析，我们认为，要准确把握素质教育，就必须正确认识下面几个问题。

**1. 知识、能力与素质的关系**

在高等教育发展的初期阶段，其核心任务主要聚焦于知识的系统传授。然而，伴随着工业化进程的加速，高等教育逐渐转向了对能力的培养。时至今日，面对新科技革命的汹涌澎湃，人们越发深刻地意识到，培养个体的综合素质已成为时代赋予教育的崭新使命。从教育应与社会进步及科技革新保持同步的科学视角出发，强调素质培养的教育理念无疑具有高度的前瞻性和合理性。但在此过程中，我们必须明确一点：知识、能力与素质三者并非孤立存在，而是相互依存、相互促进的。知识作为能力和素质构建的基石，其重要性不言而喻。缺乏坚实的知识基础，能力和素质的形成便如同无源之水、无本之木。能力是在知识的不断积累与深化中逐渐锤炼而成的，而强大的能力又能够为我们开辟获取更多新知的道路。有见地者提出，人的能力与知识之间应维持一个理想的比例，如 5 ： 4，以实现两者的和谐共生与相互促进。

相较于知识与能力，素质位于一个更高阶的层面，它对于个体的全面发展以及其在社会中贡献的大小具有决定性的影响。在知识的传授、能力的提高与素质的培养这三大教育目标中，我们必须将素质培养置于首位，以顺应社会和经济发展的宏观趋势。唯有如此，我们才能确保教育真正为社会孕育出既拥有深厚知识基础又具备强大实践能力，同时兼具高尚品德和全面素质的复合型人才。只有这样的教育成果，才能更好地服务于社会的进步与发展，为人类的未来谱写更加辉煌的篇章。

**2. 大学生素质教育具有明显的针对性**

审视我国高等教育的现状，我们应秉持辩证分析的态度。一方面，我国高等教育已颇具规模，构建起了相对完善的教学体系、管理机制及思想政治工作框架，彰显了显著成就；另一方面，我们也需正视其存在的不足，即在诸多领域尚未充分契合社会主义市场经济的实际需求，也未能紧密跟随当代科技迅猛发展的步伐，存在诸多亟待优化与改进之处。

素质教育的提出，正是为了应对现行教育体制中的一系列挑战。

第一，专业划分过于精细，知识被过度割裂，导致学生的学科视野受到极大局限。理工科学生对社会科学领域的了解相对有限，而文科学生对于自然科学的认识亦显不足。这种现象严重制约了学生的全面发展。第二，文化教育的缺失使学生在人文素养和思想深度上显得苍白无力。长期以来，非文科领域的人文教育被边缘化，几乎仅限于几门政治课程，这与大学作为精神文明重要传播源的角色相去甚远。第三，过度的功利主义倾向影响了学生全面素质的培养和坚实基础的奠定。虽然教育在学生求职、适应社会、提升地位等方面具有功利价值，但其更深远的非功利意义在于塑造人的情操、坚定理想信念、提升道德素养、构建广博知识基础、丰富文化生活、促进人际关系和谐以及培养创新能力。教育的社会价值是通过提升个体素质来间接实现的，若忽视这一层面，将可能导致学生缺乏对社会整体的认知及责任感，同时失去做人与做事的根基。第四，当前教育体系中过多的共性约束限制了学生的个性发展。重视共性、轻视个性，强调一致性、忽视多样性的倾向，用统一标准来要求和评价学生，无疑阻碍了学生的全面发展。同时，片面教育的现象也屡见不鲜，德育、智育、体育工作者各自为政，未能将提高人的全面素质作为教育的核心目标和归宿。第五，在高等教育过程中，教师倾向于采用单向知识传授的方式，较少关注学生的主动参与和主体性的发展。这种教育模式不利于激发学生的主动性和创新精神，与素质教育的理念背道而驰。因此，我们必须深刻反思并积极改进现行教育体制，以更好地适应时代发展的需求。

### 3. 大学生素质教育与中小学生素质教育的区别

在强调为学生未来生活和职业发展奠定坚实基础这一点上，素质教育对于大学生和中小学生的重要性并无二致。然而，当前我国中小学阶段所推行的素质教育，主要是作为对应试教育的一种补充和修正。相比之下，大学阶段虽然也存在应试教育的现象，例如四六级英语考试等，但大学加强素质教育的目的并不仅是对抗应试教育，而更多的是出于一种补充和提升的性质。著名科学家路甬祥曾提出，21 世纪的工科大学毕业生应当准备好回答以下四个问题：其一，“会不会做”，即是否具备实际操作能力；其二，“值不值得做”，这是对价值判断能力的考量；其三，“可不可以做”，这要求毕业生在考虑法律法规、社会公德以及文化习俗的前提下，合理合法地完成任务；其四，“应不应该做”，这涉及毕业生是否能自觉地从生态可持续性的角度审视自身行为，以本职工作为可持续发展贡献力量。这四个问题实际上概括了对所有大学生素质教育的核心要求，从不同层面揭示了素质教育的深层含义。可以说，这正是大学阶段素质教育与中小学阶段素质教育的关键区别所在。

## 二、新时期大学生素质的现状和特征

在新世纪背景下，我们所处的全球环境经历着深刻的变革。全球化趋势不断加强，知识经济已初露端倪，现代社会对人才的全面素质要求也随之攀升。对于在应试教育体系中成长起来的当代大学生而言，素质教育的重要性越发凸显。总体而言，我国大学生在面对新世纪的机遇与挑战时，其整体素质和综合能力均在持续提升，呈现出适应现代化进程和知识经济潮流的良好态势。然而，不容忽视的是，大学生在某些具体素质方面仍存在不足，甚至有些方面令人担忧。这些问题亟需我们给予高度重视和深入关注。

### 1. 当代大学生素质基本状况

现阶段我国大学生整体素质，从思想品德素质、专业素质、文化素质、身体素质和心理素质五个方面进行评估和分析，主要呈现出以下一些状况。

（1）当前大学生的思想道德素质总体展现出了积极向上的面貌。他们普遍具有清晰明确的政治追求，然而，在思想的稳定性和理论的系统性上尚存不足，且缺乏一套完善的价值评估机制来指导他们的价值判断。在经济全球化、文化多样化的社会大背景下，大学生群体不可避免地受到多种意识形态和价值观念的冲击与影响。与以往相比，他们展现出更加开放的心态，积极追求先进思想，并致力于个人思想道德素质的提升。各级教育部门及相关组织通过一系列辅导和教育活动，有效引导大学生树立正确世界观、人生观、价值观。随着我国综合国力的日益增强以及在国际政治、经济、文化等领域取得的显著成就，爱国主义精神在大学生群体中持续焕发着强大的感召力和凝聚力。然而，由于思想观念、文化背景和知识结构的差异，大学生在道德评价上呈现出多样化的特点。尽管整体道德水平有所提升，但在道德行为与认知水平之间仍存在明显的差距。例如，在对比自己与朋友、其他青年的社会公德表现时，大学生往往倾向于给予自己较高的评价，而对朋友和其他青年的评价则逐渐降低。这种现象不仅反映了部分大学生对道德建设大环境与个人生活小环境之间不和谐的感知，还揭示了部分青年在道德评价上存在的双重标准问题。多数大学生在道德认知上与社会主流要求保持一致，他们普遍追求高尚的道德境界，正义感显著增强。然而，在自律性方面仍有待进一步提高。在坚守主流思想道德的同时，当代大学生的思想道德素质也呈现出多元化的发展趋势。他们对待不同政治、经济、文化和历史背景下的思想观点，并非简单地一概排斥或全盘接受，而是逐渐形成一种丰富多样、开放包容的思想状态。然而，这种开放性背后也隐藏着大学生群体思想道德素质的不稳定性和非系统性问题。在社会转型的关键时期，面对激烈的竞争和日新月异的知识更新，大学生的思想变化显得尤为剧烈和客观。受青年特质和时代特征的影响，他们的思想波动较大，且由于盲目接受不同的思想文化和对不同道德评判标准的影响不加甄别地吸收，他们的思想道德素质缺乏系统性，存在一定的混乱现象。此外，当代大学生的价值观趋向多元化和显著分化，在某些方面也出现了综合回归的趋势，向着更加现实与理智的方向发展。尽管自我实现与服务社会的价值观正在逐步整合，但在这些多元、多层次的价值观念中，仍缺乏一种有效的价值评估体系来引导他们进行合理评判。这使得大学生在评价自身思想道德素质时缺乏一个明确的标准，从而影响了他们思想道德素质的全面提升。

（2）当代大学生在专业素质的培育方面，展现出了日益增长的学习热情，并普遍具备了扎实的基础素质。然而，一个不容忽视的现象是，由于专业认同与个人兴趣爱好的不匹配，他们在专业知识的掌握上往往停留在表面层次，更倾向于获取那些具有实用价值的工具型知识。在信息社会背景下，个体面临着知识快速更新的挑战，而知识经济时代的来临，则对每个人的知识广度、灵活性及创新能力提出了更高要求。“活到老，学到老”这一理念，已从少数先锋人士的追求，转变为广大社会群体的普遍共识。当前，随着我国就业市场竞争的日益激烈，社会压力不断加剧，在校大学生对学习的重视程度也达到了前所未有的高度。学习不仅成为他们参与社会竞争、提升生活品质的先决条件，更被视为一种贯穿一生的活动，深刻体现了人的基本需求与发展愿望。多数大学生认识到，在社会主义市场经济体制下，学习是改变个人命运、实现自我价值的重要途径，这一点从“考研热”和“考证热”的兴起中便可见一斑。目前，我国正处于从应试教育向素质教育转型的关键时期。在这一背景下成长起来的多数大学生，其入学前的首要目标往往是考上大学，而专业选择则多受社会需求和流行趋势的影响，个人兴趣与爱好常被忽视。这导致了许多大学生在入学后，面临专业认同与个人兴趣追求的不一致，进而影响了他们对专业知识的深入学习和探索。他们往往仅将学习视为应付考试的手段，缺乏对专业知识的深刻理解和独到见解。部分学生甚至将学习仅仅视为获取大学文凭或迎合老师要求的途径，缺乏真正的专业认同感和专业精神。他们未能充分认识到，大学尤其是本科阶段的学习，是培养自身专业素质、奠定职业发展基础的关键环节。针对这一现象，建议大学生在校期间积极参与专业实践活动，通过实际工作运用所学知识，以培养职业感与专业认同感。这种实践经历不仅能够弥补专业学习的不足，还能促进理论与实践的紧密结合，从而有效提升当代大学生的专业素质。

（3）当代大学生作为具备较高综合素质的群体，在文化素质方面彰显出了显著的优势。他们是在改革开放后逐步完善的教育体系中成长起来的，受益于优越的教育资源和科学的教学方法，因此，他们的整体文化素质相较于以往有了显著提升。近年来，随着国家对素质教育改革的大力推动，大学教育已将"素质教育"作为核心理念，并致力于培养在德、智、体、美、劳等多方面全面发展的学生。这一教育理念不仅使学生掌握了扎实的基础知识和基本技能，更在文化素质方面实现了显著提升，使得当代大学生的文化素质水平整体较高。主流文化在他们身上呈现出积极向上、健康活泼的特点，体现了时代的进步与发展。

（4）当代大学生的开放观念、发展观念、效益观念、人才观念、民主观念、法治观念以及竞争意识和进取意识均得到了进一步增强。他们积极掌握现代交往工具，努力提升自己在国际文化交流中的参与度，展现出对科学和真理的执着追求，以及开拓进取、勇于创新的精神风貌。这些特质不仅彰显了他们的文化素质，还为他们的未来发展奠定了坚实的基础。然而，社会文化的变迁对当代大学生产生了深远的影响。相较于传统社会的高度同质性，现代社会更加注重异质性和多样性。大学生在接受系统教育的同时，也受到了各种外来文化的熏陶和影响。这些因素共同促使大学生在文化素质方面形成了多元化的倾向，这种多元化的选择不仅促进了不同文化之间的交流与碰撞，还为当代大学生带来了丰富多彩的个性特征和广阔的视野。他们得以在知识结构和视野拓宽方面更加趋向于国际化和全球化，为探索未知领域和开创新局面提供了有力的支持。然而，我们也必须清醒地认识到，当代大学生的思想尚未完全成熟，他们在吸纳文化时可能缺乏足够的辨别能力和批判性思维。这在一定程度上影响了他们的价值取向和文化选择。在文化内化的过程中，有可能会出现矛盾和混乱的情况，某些亚文化与主流文化之间存在不兼容的问题，甚至可能产生负面影响。部分大学生可能会对社会或国家所倡导的主流文化产生逆反情绪，表现出盲目崇洋或崇古的不良倾向。这种倾向虽然是由青年人所处的经济、文化条件所决定的，但我们必须加以引导和教育。为了解决这一问题，我们需要积极引导大学生参与健康的社会实践，通过实践来培养他们积极向上的文化素质和正确的方向感。这将有助于他们在面对多元文化冲击时保持清醒的头脑和正确的价值观念，从而更好地成长为社会的栋梁之材。同时，我们还应加强文化教育，提高大学生的文化辨别能力和批判性思维，使他们能够在多元文化的环境中作出正确的选择，实现个人价值和社会价值的和谐统一。

（5）当代大学生的身体健康素质相较于以往虽有所提升，但在心理健康素质方面却面临着日益严峻的挑战。从体能素质的维度来看，当前大学生的身体发育状况呈现出更为积极的趋势，其平均身高、体重及胸围等生理指标均有所增长，且营养摄入结构也更为均衡合理，这反映了生活条件的改善和营养意识的提升。然而，随着课业负担的不断加重以及自我保健知识的相对不足，大学生中的近视问题越发严重，成为不容忽视的健康隐患。尽管优越的生活条件在一定程度上促进了他们体质的改善，但不良生活习惯的滋生，如“熬夜上网”“沉迷游戏”“饮食无度”等，加之健康观念的滞后，均对他们的身体素质构成了负面影响。此外，部分大学生对体育锻炼的忽视，导致体能状况有所下滑，缺乏必要的耐力和意志力，整体上呈现出“强健”与“持久”不足的态势。

（6）在健康素质的另一重要方面——心理素质上，当代大学生正面临着更为复杂多变的挑战。作为以独生子女为主体的一代，他们受到了社会政治、经济、文化快速发展以及社会转型等多重因素的深刻影响，心理问题日益凸显。这一代大学生往往表现出心理稳定性欠缺，安全感和认同感缺失等特征。尽管他们普遍重视自身的身心健康，但在应对激烈的社会竞争、繁重的学业压力以及复杂的人际关系时，常感力不从心，无所适从。相关研究表明，当代青年对他人的信任度普遍较低，即便在好友之间也存在较强的防范心理，这在一定程度上削弱了大学生群体的社会凝聚力。由于生存空间与环境的变化，独生子女间的交往渠道变得日益狭窄，有时甚至抑制了他们天性的自然发展。因此，如何与他人建立有效沟通、和谐相处，已成为大学生心理素质教育中不可或缺的重要内容。

**2. 影响大学生素质的因素**

影响大学生素质的因素具有多元性，主要包括以下几个方面。

（1）社会环境所经历的深刻变革对大学生群体成才观念的塑造产生了显著且深远的影响。作为社会不可或缺的一部分，大学生的存在与发展紧密地嵌入在更广泛的社会环境之中。随着计划经济体制向社会主义市场经济体制的转变，这一根本性变革不仅引发了社会价值观的广泛重塑，而且不可避免地波及并深刻影响了大学生的成才观念。市场经济为大学生提供了一个前所未有的广阔舞台，使他们能够充分展示自己的才能与潜力。经济的持续调整与快速发展对各类人才的需求日益旺盛，为大学生提供了更多的机遇与挑战。对考研、考博的热情追求以及对计算机和外语技能的广泛重视，在校园内蔚然成风，形成了积极向上的学习氛围。“为头脑充电，为竞争助力”已成为当代大学生的行动口号，这充分彰显了市场经济环境下大学生成才意识的积极主动性。然而，任何事物的发展都伴随着其两面性。市场经济在肯定并鼓励追求个人利益的同时，也可能导致个人主义的过度膨胀。当大学生过分关注个人规划与奋斗时，可能会忽视或削弱社会责任感。此外，市场经济所带来的拜金现象也可能对大学生产生误导，使他们将成才与发财等同起来。在这种情况下，大学生可能不再重视道德品质的培养，以及传统的奉献精神和全心全意为人民服务的理念，而是将赚钱多作为衡量成才的唯一标准。这种倾向不仅偏离了成才的本质意义，还可能对大学生的全面发展产生不利影响。

（2）大学生自身的因素。大学生普遍处于20岁左右的青春年华，这一生理阶段的急剧变化不仅促进了他们身心的快速发展，还显著增强了自我意识，使他们更加关注自我认同与自我价值。与此同时，市场经济环境的熏陶也塑造了他们自主、自立、自强的独立个性。许多大学生在初入大学之际，便怀揣着迫切融入社会的愿望，他们深刻认识到，掌握专业知识固然重要，但了解并适应社会规则同样不可或缺。因此，通过实践锻炼以促进个人成才，已成为当代大学生普遍认同的理念。市场经济的激烈竞争环境进一步激发了大学生对知识的渴求。他们如饥似渴地吸收新知识，不再局限于本专业的学习，还广泛涉猎其他领域，以拓宽视野，增强竞争力。许多大学生充分利用业余时间，积极学习计算机、外语等实用技能，这充分展现了现代大学生强烈的竞争意识和自我提升的决心。然而，大学生在这一阶段也可能表现出冲动和片面性。他们有时会将自主独立误解为极端的个人主义，过分强调个人利益，甚至将个人利益凌驾于国家和集体利益之上。此外，部分大学生可能受到享乐主义的影响，将追求享乐视为人的本性和人生的终极目标。他们热衷于追求时尚潮流，攀比奢华生活，讲究排场，崇尚高标准和高消费的生活方式。这种片面追求享乐和物质享受的态度，不仅可能削弱他们的进取心和责任感，还可能对他们的全面发展产生不利影响。因此，引导大学生树立正确的价值观和消费观，培养他们的社会责任感和集体意识，对于促进他们的健康成长和全面发展具有重要意义。

（3）学校教育与不断变化的社会现实生活和大学生实际需求之间存在严重脱节。这一问题主要体现在以下几个方面：首先，长期以来，学校教育在德育方面的缺失尤为突出，政策导向过于偏重智育，培养目标单一地聚焦于工程师、管理者和研究人员等职业角色，这与社会主义人才所应具备的理想、道德、文化和纪律等综合素质要求相去甚远。这种偏差导致即便在社会文明程度理应最高的学府中，仍需加强基础文明教育和社会公德修养，以弥补德育的不足。其次，学校教育在构建适合当代大学生特点的科学教育体系和教学方法方面存在明显滞后。大学生在踏入大学校门后，往往因近期目标的消失而感到迷茫和无所适从，学习目的不明确，难以适应快速变化的社会环境。这反映出学校教育在引导学生树立长远目标、明确学习方向以及培养适应社会能力方面的不足。最后，学校教育与社会的脱节问题尤为严重。学校教育作为社会导向的重要组成部分，大学并非与世隔绝的“世外桃源”。其根本目的在于为社会培养合格人才，因此必须引导大学生逐步实现从校园人格向社会人格的转变，直面社会现实。然而，当前学校教育在引入积极社会因素、抵御消极影响以及培养符合社会需求的人才方面尚显不足。

通过深入分析大学生素质的现状及其成因，我们可以清晰地看到市场经济对大学生素质形成的负面影响，导致大学生在自身素质培养上缺乏全面正确的认识。然而，社会主义市场经济既具有市场经济的共性特征，如自立、竞争和效益等观念的塑造；又具有与社会主义基本制度相结合的特殊性，要求人们具备整体观念、合作精神等社会主义特有的道德和精神力量，以实现共同富裕的宏伟目标。因此，在市场经济环境下，对大学生的素质提出了更高、更全面的要求，以期培养出既具有市场竞争力，又具备社会主义道德和精神风貌的优秀人才。

**3. 当代大学生应具备的素质**

从历史唯物主义的深刻洞察出发，我们应当充分认识到个体与社会环境之间不可分割的依存关系，同时，也要深刻把握社会进步与个人素质提升之间紧密相连的内在逻辑。社会对不同群体所寄予的素质期望是多元且分层的，而对于大学生这一承载着未来希望的特殊群体，其素质要求自然应当超越普通民众的标准。

当今的大学生，作为未来的建设者和创造者，他们的素质框架应当具备哪些特征呢？学者们普遍认为，以下三个基本特征是不可或缺的：一是要具备国际视野。因为随着国际交流的日益频繁，这既是科技发展的必然趋势，也是经济一体化进程的内在要求。未来的人才如果缺乏国际视野，将难以在开放的中国发挥出新的作用。二是要拥有多元化的能力。科学家预测，未来社会发展中所面临的问题将呈现出普遍性、整体性、复杂性、深刻性和严肃性等多重特性。因此，解决这些问题的人才必须具备一专多能的素质，以适应不断变化的社会需求。三是要坚守正义，未来人才的素质不仅要求掌握知识和技能，更需具备强烈的事业心和责任感。他们不仅要为自己的成长和发展而努力，更要运用自己的才智为国家、为人类的共同进步贡献自己的力量。

因此，未来的大学生应当能够有效地汲取人类文明的有益信息，并自觉地将自己投身于进步与正义的事业之中。换言之，跨世纪的大学生不仅要有扎实的知识基础和强大的工作能力，更要学会做一个严肃的人，具备优秀的思想品质、道德素养和心理素质。根据人的基本素质内涵以及社会发展对人的素质要求，当代大学生的素质结构应当涵盖政治道德素养、科学文化素养和身体心理素质等多个主要层面，以实现全面而均衡的发展。

# 第二章　大学生素质教育的重要性研究

## 第一节　素质教育与培养创新型人才

当今的大学生，未来将成为我国现代化建设的生力军。然而，作为大学生，必须清醒地认识到，无论从世界科学技术迅猛发展的角度来看，还是基于时代发展对人才的要求来考量，都无不凸显出社会发展对人才的需求呈现出数量大、品质高、种类多的显著特点。因此，我们必须顺应时代要求，珍惜宝贵的青春年华，勇于攀登书山，勤于游学海，构建合理的知识结构和能力结构，开发高效的创造能力，努力将自己塑造成新一代具备高智能的实用型人才。

### 一、智能结构及其优化

随着信息时代的到来，人才竞争的激化，科教兴国战略的实施，素质教育的实施，知识、能力、智能问题日益引起全社会的广泛关注。

#### （一）智能的内涵

智能是一个内涵丰富且多维度的概念，它有着狭义与广义之分。狭义上的智能，主要指的是智力，或是智力与技能、能力的结合，统称为人们认识和改造世界的能力。而广义上的智能，则涵盖了一个人所具备的所有能力和知识的总和。例如，在人才学中，智能被视为知识、才能与学识的统一体；在教育学领域，智能是与德育、体育并列的智育方面的素质；即便是所谓的文化科学素质，也不仅是指知识掌握的数量与质量，还包括获取和运用知识的能力。

知识与能力构成了一个既相互区别又相互联系，既相互作用又相互制约的有机整体。能力，是指人们运用科学文化知识来认识和改造世界的智慧；而知识，则是人们凭借自身能力在认识和改造世界过程中积累的经验结晶。人们在学习知识时，必须以一定的能力为基础，而能力的高低则直接影响着掌握知识的速度、深度、难度以及巩固程度。同样地，人们在提高能力时，也必须以一定的知识为基础，而知识的广博程度又制约着能力提升的速度、幅度、方向以及巩固程度。因此，一般来说，知识会随着能力的增长而丰富，而能力也会随着知识的积累而提高。然而，这两者之间并不总是呈现正比例关系，因为能力的增强还与心理特征和个性倾向等非智力因素密切相关，这也解释了为何会出现“高分低能”等现象。为了避免知识与能力之间的反差，增进两者的统一，我们将智能理解为知识和能力的总和，这也正是我们的初衷。

### （二）优化智能结构的意义

系统论认为，世间一切事物皆可被视为系统，它们是由若干要素遵循特定组合方式所构成的有机整体。而系统各要素间的这种组合方式，被称为系统的结构。在此语境下，我们所说的智能，正是由知识和能力这两大核心要素所构成的系统，知识与能力的组合方式即构成了智能的结构。值得注意的是，知识与能力本身是两个不同的子系统，各自拥有独特的结构。对于大学生而言，优化智能结构对于其成才之路具有重要意义。

#### 1. 优化智能结构是发挥其最大功能的必要条件

结构与功能是系统不可分割的两个方面：结构是系统内部要素的构成方式，而功能则是系统对外展现的作用和功效。结构决定功能，这一点在系统论中有着深刻的体现。例如，石墨和金刚石都由碳元素构成，但硬度却大相径庭，其根源在于结构的差异。同样地，谚语“一个和尚挑水吃，两个和尚抬水吃，三个和尚没水吃”与“一个臭皮匠是个好鞋匠，两个臭皮匠是对好鞋匠，三个臭皮匠赛过诸葛亮”所描述的功能差异，也缘于群体结构的不同。在智能培养方面，这一点同样适用。一个人的智能不仅取决于其知识与能力要素的数量和质量，更取决于这些要素的组合是否合理、结构是否完善。只有构建了合理的智能结构，才能充分发挥其最大功能。

#### 2. 优化智能结构是提高人才整体素质的必然要求

人才的素质是一个由德、识、才、学、体等要素有机组成的巨型系统。在这个系统中，识、才、学所构成的智能居于主体地位。因此，智能结构的优化将从根本上推动整体素质结构的优化和功能的增强。培根曾言：“读史使人明智，读诗使人聪慧，计算使人精密，哲理使人深刻，道德使人高尚，逻辑修辞使人善辩。总之，知识能塑造人的性格。”列宁也指出，只有用人类创造的全部知识财富来丰富自己的头脑，才能成为真正的共产主义者。这些都充分说明了优化智能结构对于提高人才整体素质的重要性。

#### 3. 优化智能结构是适应知识经济发展趋势的必然选择

现代科学技术的发展呈现出一系列崭新特征：知识总量急剧增长，知识陈旧周期日益缩短，知识转化为直接生产力的进程大大加快，高新学科进一步发展。然而，这种知识增长的无限性与个人生命的有限性之间构成了一对尖锐的矛盾。正如古人云：“吾生也有涯，而知也无涯。以有涯随无涯，殆已。”鲁迅先生也指出，博学家易浅，专门家易悖。要解决这一矛盾，唯一的出路就是学习知识时要精于选择，发展能力时要善于扬长，即主动自觉地构建自己最佳的智能结构。

### （三）智能结构的具体类型

人们的智能结构并非千篇一律，而是各具特色、各有优势。当代大学生应当从各自的实际出发，扬长避短。以下是对八种类型智能结构的介绍。

#### 1. 再现型智能结构

其显著特征是记忆力强、知识丰富，并具有突出的表达或操作能力，这类人才善于在实践中有效地再现和运用已有的知识和技能。

#### 2. 发现型智能结构

其显著特征是分析、综合能力强，对学科前沿知识十分敏感，并具有丰富的想象力，这类人才善于在前人的基础上发现新规律，创立新学问。

#### 3. 创造型智能结构

其显著特征是知识掌握灵活新颖，求异思维能力强，实践经验丰富，并具有熟练的操作能力，这类人才善于提出新思路、发明新技术、创造新产品。

#### 4. 博学型智能结构

其显著特征是兴趣广泛、博闻强识、知识丰富，并富于系统思维能力，这类人才善于在实践中为他人或群体提供有效的咨询和建议。

#### 5. 深邃型智能结构

其显著特点是兴趣专一，知识面窄而深，并具有精密的逻辑思维能力，这类人才善于在某一狭小领域做出重大的发明创造。

#### 6. 灵活型智能结构

其显著特征是兴趣广泛，思维敏捷，知识面宽，应变能力强，这类人才善于从实际出发不断开拓新领域、做出新创造。

#### 7. 条理型智能结构

其显著特征是归纳与演绎能力强，知识精确，思维严密，操作条理，这类人才善于在实践中化繁为简、化虚为实。

#### 8. 决断型智能结构

其显著特征是系统思维能力强，历史知识渊博，实践经验丰富，并富于直觉能力，这类人才善于在实践中作出明确的判断和及时的决策。

需要注意的是，以上只是一种相对的划分。一个人的智能结构既可属于某一类型，也可能兼有几种类型的特征。因此，每个大学生都应当根据社会需要、专业方向和个人特点，科学构建自己最佳的智能结构。

## 二、建造合理的知识结构

### （一）知识与知识构成

知识，就其内容而言，是人类对客观世界的现象及其规律的深入描述与科学揭示。从认识论的角度来看，知识是人类在认识世界和改造世界过程中所产生的精神成果，它深刻地概括并总结了人类的实践经验。随着知识总量的不断激增，知识的功能也日益扩展和增强。当前，知识经济正迅速崛起，并有望成为现代社会中最具潜力和前景的支柱产业。知识已经与物质和能量并列为世界的三大核心资源之一，并且正在逐步凸显其首要地位。

#### 1. 知识的主要特征

（1）知识具有认识性。作为人类对客观世界现象及其规律的深入描述和科学揭示，知识能够消除人们认识上的不确定性，使人们获得对客观世界的事实认识、价值认识以及预见性认识。具体而言，知识帮助人们理解客观事物是什么、为什么存在，它们与人类的关系如何，以及它们的内在规律和发展趋势。

（2）知识具有实践性。知识是人类认识和改造世界的宝贵结晶，它源于实践，指导实践，并在实践中接受检验和不断发展完善。

（3）知识具有积累性。知识本身是无形的精神财富，但它可以通过文字、图表、公式和语言等信息形式进行表达和记录。因此，知识既可以借助各种载体（如骨、石、纸张、磁盘、光盘、计算机等）积累，汇聚成属于人类的知识宝库；也可以通过大脑的生理和心理机制储存在人脑中。与物质积累不同，知识的积累具有持续增长的特点，知识的仓库始终在不断丰富和发展。

（4）知识具有共享性。知识不仅可以无限积累，而且可以广泛传播。在微观层面，知识通过各种人际交往进行双向交流；在宏观层面，知识通过各种公共通信媒介进行更为广泛的传播。此外，知识的交流也不同于物质的交换。两人交换一个苹果，各自手中仍然只有一个苹果，只是互换了所有者；但两人交流一种知识，不仅各自原有的知识没有丧失，而且获得了对方的知识，甚至这两种知识相互碰撞还会产生新的知识。

（5）知识具有可塑性。知识的认识性、实践性、积累性和共享性共同孕育了知识的可塑性。人们在生产实践中由感性知识上升为理性知识，再到实践中发展新知识，这体现了知识的可塑性；同样地，人们在科研活动中从知识信息的收集、整理、加工到创造新知识，也体现了知识的可塑性。需要注意的是，知识的可塑性与物质的可塑性有所不同，知识的可塑性即知识的创造性。如果物质生产不伴随着知识的进步而进行，那么这种物质生产就是非创造性的。

2. 知识的基本构成

知识，作为实践经验的结晶，历经全人类上万年的积累、交流与创造，已汇聚成一座内容丰富、结构有序的宝库。尽管每个人所需知识的质和量各不相同，但以下几类知识对所有人而言都是不可或缺的。

（1）实践经验知识。这是指个人在亲身实践中所获得的物质生产经验、科学实验知识和社会生活经验知识的总和。实践经验是知识的初级形态，虽然尚不够系统，但它是形成系统的高级形态知识的前导，因此也被称为前系统知识或潜科学知识。实践经验知识属于感性认识，是关于事物现象及其外部联系的知识，但它为认识事物的本质及其内部联系提供了基石和台阶。实践经验知识属于直接知识，具有直观、具体、实在等优点，因此成为抽象理论知识、实际应用理论知识的基础，并成为指导实践的中介和桥梁。所以，实践经验知识是人才所必备的重要素质。

（2）文化基础知识。广义的文化包括科学在内，而科学知识是指人类对客观世界的本质和规律的认识成果，涵盖自然科学知识、社会科学知识、心理科学知识。狭义的文化知识则是指人类对客观世界与人的关系的认识成果，包括文学、艺术、宗教、道德、审美等知识，这些都属于社会意识形态。此处所说的文化基础知识是相对于专业知识而言的。实际上，几乎每门文化知识都具备成为专业知识的资格。我们之所以要将专业知识和文化基础知识加以区分，一是因为一个人要将所有哪怕是几门文化知识都当作专业来对待是力所不及的；二是因为要学精某门专业知识，必须以若干相近的文化科学知识为基础。其中，政治理论、中文写作、外语和计算机知识是当代大学生特别需要重点掌握的。

（3）专业知识。这是指大学生集中精力重点学习的某类学科的系统知识。专业知识系统又可分为专业基础知识、专业主干知识和学科前沿知识三个层次。专业基础知识包括与专业主干知识紧密相关的一系列学科知识，它既是学好主干知识的基础，也可成为未来新的主干知识的出发点。专业主干知识则包括直接对准创造目标的几门重点学科知识，它既是区分人才专业类别的标志，也是衡量其学识水平的依据。学科前沿知识则包括某一门专业主干学科的发展趋势与学术研究动态的知识，它既是大学生毕业设计课题的生长点，也是未来工作创造的最佳起点。大学专业与未来职业是紧密相连的，因此每个学生都必须高度重视。

（4）哲学知识。哲学作为一切科学知识的结晶，是世界观和方法论，也是智慧学。爱因斯坦曾指出，哲学是全部科学研究之母。世界观和方法论不仅支配着科学家的头脑，而且支配着科学研究的全过程。关键在于：是受正确的世界观和方法论的指导，还是受错误的世界观和方法论的指导；是自觉地接受支配，还是不自觉地接受支配。古今中外，凡是科学上的重大发明创造，都是自觉不自觉地运用辩证法和唯物论的结果。自觉性越高，成就也就越高；反之，一旦误入形而上学或唯心论的歧途，那就必然导致失败。日本著名物理学家坂田昌一以自己的切身体会深刻地指出："现代物理学已经到了非自觉地运用唯物辩证法不可的阶段。"哲学对于自然科学家的成功尚且如此重要，对于社会科学工作者的指导作用更是无以复加。因此，学好马克思主义哲学，掌握这个最科学的世界观和方法论，是我们获得远见卓识的最佳途径。

**（二）优化知识结构的几种模式**

在知识结构的形成过程中，由于个体在智力因素、非智力因素、所处客观环境以及所选择的专业方向上的差异，其知识结构往往展现出独特的个性特征。然而，一个合理的知识结构同时也会体现出一些共同的特征，特别是对于同一专业领域而言，这种共同性表现得尤为明显。以下，我们将介绍三种具有代表性和普遍意义的模式。

**1. 宝塔型（纵向型）**

宝塔型知识结构由四层一梯构成。具体而言，四层包括：科学文化和实践知识、专业基础知识、专业主干知识、学科前沿最新知识和动态知识。而一梯则指的是哲学知识。对于任何一个科技工作者和社会科学工作者而言，无论是其成长还是发展，都离不开一定的哲学世界观和方法论的指导。爱因斯坦曾经形象地把自然科学理论体系比作房屋，而把哲学比作建造这座房屋所必需的"脚手架"。没有"脚手架"，万丈高楼就无法平地而起；同样地，没有哲学的指导，一个合理的知识结构也难以建立。

**2. 蛛网型（横向型）**

如经营管理人才的知识结构模型，具有鲜明的特点：它以专业知识，即基本管理理论和科学为核心；以社会科学系统、社会技术系统、应用系统理论、领导科学、管理科学、群体行为学和人际关系学等相关知识作为网络的纽带；同时，将政治学、社会学、心理学、文化学、经济理论、数学以及实践经验等相关专业理论和知识作为广泛的外围。这一模型形象地展示了知识构成的"根据地"和"游击区"。

**3. 飞机型（立体型）**

飞机型（立体型）知识结构，这一模型形象地展示了大学生成才起飞所需的知识结构的基本要素、连接方式及其所具备的功能。其主体呈现为圆锥式的机身，从机尾至机头，依次分为四个层次：文化科学知识、专业基础知识、专业主干知识以及学科前沿知识。机尾部分代表哲学知识，它起着重要的导向功能；双翼则象征着外语和计算机知识，这两部分若不过硬，就如同飞机难以起飞一般；螺旋桨部分代表德育知识，它是整个知识结构的动力装置；而起落架（双轮）则代表实践知识，缺乏它，就如同飞机难以起飞一样，大学生也难以成才起飞。

### （三）合理的知识结构，要以深厚扎实的知识为基础

在知识激增、信息爆炸的社会背景下，合理的知识结构无疑已成为创新人才所必备的首要素质。一般而言，合理的知识结构不仅决定了个体创造性思维能力的强弱，还决定了其创造性想象的丰富程度。它对于培养良好的思维素质和形成高度的创新能力具有至关重要的作用。然而，值得注意的是，合理的知识结构是建立在宽厚、扎实的知识基础之上的。

所谓“宽”，即要求在校大学生不仅要系统学习并掌握完整的专业知识，还要尽量拓宽自己的知识面。这是因为，从个人成才的角度来看，创新不仅需要知识的深度，更需要知识的广度。教育科学研究的结果表明，具有丰富广博知识和经验的人，相比只有某方面知识和经验的人，更容易产生新的联想和独特的见解。例如，求异思维作为创造性思维的主要构成部分和创新能力的重要标志之一，其强弱与知识面的宽广程度直接相关。知识面狭窄，想象力必然贫乏；而知识面宽广，见多识广，则有助于丰富想象力的形成，进而促进求异思维的增强和提高，有利于创新素质的发展。大学生要想成为一代创新型人才，不能仅仅局限于精通自己未来所从事职业的某门学科的知识，同时还要具备广博的相关学科知识，尤其是相应的人文知识。因为素质教育所倡导的人文精神，要求我们在日常工作中必须具备实事求是、追求真理的科学精神，团结协作、公平竞争的合作精神，维护人格尊严、坚守道义良知的人道精神，自由创造、自我完善的主体精神，公正平等、崇尚民主法治的理性精神，展现生存意义、追求崇高价值的理想精神，以及贡献社会、大公无私的奉献精神。而人文精神所包含的这一系列内容，是以广博的相关学科知识为基础的，是以深厚的人文知识为底蕴的。

所谓“厚”，对大学生而言，指的是系统而完整的专业基础知识。因为系统而完整的专业基础知识是合理知识结构的核心。大学生在未来的职业生涯中，主要的职责之一是通过运用系统、完整、扎实的专业知识和技能来完成自己所担负的工作。如果所具备的知识不完整、不厚实，不仅不能满足工作中对知识的需求，还会影响自己思维的灵感、流畅性与新奇性，从而严重地制约职业生涯中的创造性成果的产生。

## 三、创新能力和创新素质

21 世纪的发展在于创新，21 世纪的希望也在于创新。创新是一个民族的灵魂，是一个国家兴旺发达的不竭动力。因而，立足今天，放眼未来，培养具有创新素质的创造型人才，已成为当今世界教育发展的大趋势。这就决定了今天的教育必须培养具有创新素质的创造型人才。

### （一）创新能力

首先，创新最为显著的特征在于其新颖性与独特性。这一特性意味着，任何创新

活动，不论其成就的规模或成效的显著程度如何，都必须产出前所未有的“新成果”，必须展现出标新立异的特质，否则便不能称为创新。

其次，创新的价值意义在于，任何创新活动所产生的创新成果，都必须有利于社会的发展与进步，也就是说，必须具有社会价值。因为创新的根本目的，就是推动人类社会的发展与进步。

创新能力是一种高阶的思维能力，它涵盖了发散性思维、敏锐的知觉以及丰富的想象力等多种思维方式和手段。这种能力使个体能够针对新事物和新目标展开深入的思考与探索，进而催生出新发明、新发现、新技术、新产品以及新成果。可以说，创新能力是衡量个体潜能与创造力的重要指标，同时也是对社会最具价值和意义的思维能力之一。创新的本质在于其开创性和前瞻性，它要求个体创造出前所未有的知识和经验，以供社会共享和应用。这种创新不仅推动了社会的进步，还带来了整体性的社会效益。因此，社会的发展前景在很大程度上依赖于创新能力的发挥和提升。社会知识宝库的不断丰富和扩展，正是创新思维活动成果在历史长河中的不断积累和沉淀。这些宝贵的创新成果为社会的进步提供了源源不断的动力和支持。鉴于此，为了推动社会的持续发展和前进，我们必须高度重视并大力提升人们的创新思维能力。通过从根本上提升个体的思维素质，我们可以培养出更多具备创新思维和创新能力的人才，为社会的繁荣和发展贡献更多的物质财富和精神财富。这不仅是个体成长的需要，更是社会进步和发展的必然要求。

高超的创新能力是建立在完整的知识体系和合理的知识结构基础之上的，尽管合理的知识结构本身并不直接等同于高度的创新能力。一般而言，创新若缺乏合理的知识结构作为基础，就会如同无源之水、无本之木。在能力结构中，创造性的能力主要体现在以下两个方面。

**1. 善于观察、敏锐预测的能力**

前文已述，创新的首要前提是创新意识的形成，而在这一过程中，善于观察是至关重要且最为基础的因素。唯有掌握了科学的观察方法并具备较强的观察能力，个体才能洞察不同事物的独特属性及其之间的相互联系，才能发现知识与知识、事物与事物之间的空白地带，进而在事物的相似性与差异性统一体中激发联想，从知识与事物的未触及之处探寻创新的突破口。当然，善于观察的能力还必须建立在敏锐预测的基础之上。

一方面，从某种意义上说，人们能否敏锐地预测现实与潜在的社会创新需求，直接决定了创新的价值程度。也就是说，敏锐的预测能力不仅能够帮助避免创新过程中的盲目性，还能提升个人创新的自觉性和有效性；它不仅能满足社会的创新需求，还有助于个体自觉地开发自身的创新潜能。另一方面，敏锐的预测能力主要体现为科学的预见能力，这是指在已有科学理论所能解释和说明的范围内，科学地预测未知的个别事物和现象的能力；或者根据已掌握事物的结构，科学地预见其性能；或者根据已了解的事物性能，科学地推测其内在结构；或者根据事物发展的过去和现在，科学地预测其未来的发展趋势等。在创新的过程中，这种科学的预测能力是不可或缺的。

**2. 独立思考、深刻分析的能力**

创新能力的提升，根植于细致观察与敏锐预测，而这一过程高度依赖于独立思考与深刻分析的能力。观察与思考，两者相辅相成，构成了一个不可分割的认知整体：若缺失了观察，思考便如同无本之木，失去了与现实世界的紧密联系；反之，若缺乏深入的思考，观察则难以超越表象，无法提炼出深邃的洞见，最终导致认知的浅薄与观察的无效。因此，唯有在观察的肥沃土壤中孕育独立思考，经由“剔除冗余、辨识真伪、深入本质、触类旁通”的精练过程，方能实现对事物的真知灼见、独到发现与创新突破。这表明，独立思考构成了创新活动的核心要素与关键环节。进一步而言，独立思考所孕育的新认知、新见解与新发现，其价值的实现与深化，必须倚仗深刻的分析、精准的判断以及强大的综合能力。这是因为，唯有通过细致入微的分析，科学的思考与认识方能突破既有界限，向更深层次迈进；唯有如此，我们才能逐步揭开研究对象的内在构成与结构层次的神秘面纱，进而收获新的科学发现与创新成果。因此，深刻的分析能力不仅是独立思考的延伸，更是推动创新能力不断攀升的关键驱动力。

### （二）创新意识和创造性思维

创新素质包括创新意识、创造性思维、合理的知识结构、高度的创新能力以及顽强的意志品质等几个方面的内容。

**1. 创新意识**

推动创新进程的首要条件，是确立并强化创新意识，这一意识构成了个体自觉、有目的地投身于创造性活动的先决基础。创新意识，作为一种积极的心理状态，体现在对未知的好奇探索、丰富的想象力、勇于冒险的精神，以及敢于直面挑战、不畏权威的态度上。简而言之，它是驱动个体不断追求卓越、超越现状的内在动力。这种意识不仅激发个体深入思考、勇于质疑既有观念，还促使其积极提出问题、深入探索未知领域，并最终导向新思想、新方法、新技能及新物质产品的创造。缺乏创新意识，创造性思维的培养与创造能力的提升便失去了根基，也就无从谈起。因此，创新意识不仅是创新活动的逻辑起点，更是创新素质构成中的核心要素。它如同创新活动的火种，没有这火种，创新的愿望便难以被点燃，而没有强烈的创新愿望作为驱动力，创造性的成果便无从诞生，个体也就难以成长为真正的创新型人才。由此可见，创新意识的培养与强化，对于促进创新活动的持续开展、提升个体的创新能力，具有不可估量的价值与意义。

### 2. 创造性思维

创造性思维的核心在于创新，它致力于提供新颖的、具有价值的思维成果。这一过程不仅涵盖提出新问题、发现新事物、揭示新规律、创造新方法、构建新理论，还涉及发明新技术、研发新产品、创作新作品等一系列思维活动。显而易见，创造性思维的特点主要体现在其新颖性和价值性上。作为人类思维的高级表现形式，创造性思维是推动人类开拓未知领域、探索新知的高级思维活动。

创造性思维由以下几种思维要素构成。

（1）求异思维与求同思维。求异思维是指针对同一问题，寻求不同乃至奇异答案的思维方式和过程。它不受限于已有知识和经验的束缚，往往从多个不同甚至非常规的角度去审视和思考问题。求异思维的特点表现为思维活跃、不拘一格、标新立异、异想天开，能够多方位、多角度、多学科、多手段地对某一问题进行思考和观察，不受任何限制地提出多种解答，且通常答案越多，其创造性越强。因此，可以说求异思维的突出表现包括质疑思维、侧向思维和逆向思维。质疑思维即不唯书、不唯上，敢于突破已有知识和经验的限制，勇于提出问题。侧向思维则是不局限于人们已有的思路和方法，采用被忽视的思维路径，从问题的侧面转换观察和分析的角度，往往能带来令人耳目一新的效果和意外的收获。逆向思维则是从相反的角度考虑问题，不遵循常规的思考路径和方法，而是从对立或完全相反的角度突破常规，进行问题的思考和分析，常常能取得出奇制胜的效果，实现突破性的发明创造。逆向思维对于解决疑难问题和创立新学科都具有特殊的意义。

由此可见，求异思维更容易察觉到奇特的、不寻常的或令人困惑的事物，能比他人更快地发现知识的空白、事物的不完善以及结构成分的短缺，并能迅速注意到被他人忽略的某一问题的关键所在。相比之下，求同思维是从给定的信息中产生逻辑上独特且最佳的结论的思维形式。它的特点在于思维深刻、精确，具有严密的逻辑性和说服力，对于某一问题通常只有一种正确答案或最佳选择。

创造活动包含提出问题、解决问题和充实完善三个阶段，在这三个阶段中，求异思维和求同思维是相互交替又相互协调地发挥作用的。首先，求异思维使创造主体能够提出尽可能多的问题和假设；其次，在两种思维的共同作用下，通过反复比较和选择，从众多假设中选出最佳方案；最后，由求同思维调动创造主体的一切知识和经验材料，精心落实最佳方案，并经过严格的加工整理、充实和完善，最终完成创造性成果。

（2）想象思维与类比思维。想象思维是一种对记忆中的表象进行加工改造，进而建立新的完整形象或揭示本质规律的思维形式。它依托记忆表象，借助形象思维的方式，对头脑中接收和存储的各种信息进行加工、排列、重组，从而创造出前所未有的新事物。想象思维具有创造性、综合性和间接性的特点。具体而言，其创造性在艺术创作中体现为富有想象力的形象思维，在科学探索中则表现为科学性的猜想；其综合性体现在从具体模型到典型形象的塑造，或从个别现象推测到一般原则和普遍规律的揭示；其间接性则表现为在引发物和创造物之间存在一个想象物。

类比思维是一种思维形式，它从两个对象之间已知的某些相似属性出发，推测它们在其他未知属性上也可能相似。

类比与想象的主要区别在于：想象既包含同类求新方式，也包含异类求新方式，而类比则主要在不同对象和不同领域中进行；想象更多地具有形象性，而类比则更多地富于逻辑性；想象的着眼点具有整体性，而类比则关注某些个别属性；类比的有效性与对象间的相似性成正比，而想象则无拘无束，不受任何限制。在科学发展的前沿，由于资料匮乏、方向不明，缺乏现成的途径和程序可循，因此想象和类比思维具有更大的适应性和更高的创造价值。爱因斯坦曾说："想象力比知识更重要，因为知识是有限的，而想象力概括着世界上的一切，并且是知识进化的源泉。"康德也指出："每当理智缺乏可靠论证的思路时，类比这个方法往往能指引我们前进。"

纵观人类的科技发明创造史，每一项发明或发现都可以说是科学幻想和创造想象的产物，任何成功的创造发明都离不开想象。事实上，所有伟大的科学家与发明家都因为自由运用了他们无与伦比的想象力，才创造出了令人惊叹的科技成果。想象为他们插上了创造的翅膀。无论是牛顿从苹果落地发现万有引力定律，还是鲁班受野草上锋利小齿启发发明了锯，都是想象与类比思维的杰出成就。

（3）直觉思维和灵感思维。直觉思维是一种高级的认知过程，它涉及人脑对突如其来的新事物、新现象、新问题及其内在关联进行快速辨识、深刻洞察、直接把握本质及进行综合性整体判断的能力。相较于仅停留于事物表面现象和外部联系的直感，直觉思维能够穿透表象，深入探索事物的核心本质，并迅速捕捉到客观存在的规律。直觉的生成蕴含着一个错综复杂的内在心理机制，它既是逻辑思维过程的高度精练与升华，也是想象力活动的高度集中与体现。直觉思维的形成与个体扎实的科学知识基础、广泛的知识经验积累以及积极的实践探索活动紧密相连。在生活中，直觉思维展现出了不可小觑的价值，它不仅是创造性思维活动的一个显著标志，更是推动创新的关键力量。

爱因斯坦凭借其深厚的科学创造实践，深刻地指出："我深信直觉与灵感的力量。"他屡次重申，在科学创造的征途中，从经验材料的积累到新颖思维的涌现之间，往往存在着逻辑无法直接跨越的鸿沟，此时便需依赖灵感与直觉的引导。

灵感，在英文中原意为"天启"或"神灵的感应"，常给人带来神奇之感。实际上，它是创造者在艰苦探索的基础上，由于偶尔改变思路，使大脑高度兴奋，难题瞬间得到解决的一种思维顿悟。这种顿悟不同于通常研究问题时所运用的逻辑推理，不是一步一步由已知到达未知，而是瞬间洞察事物现象的本质，甚至自己也不知道这种看法是如何得出的，仿佛是脑海里突然涌现的。

在创造性活动中，人的思路常常会受阻，百思不得其解，陷入“山重水复疑无路”的困境。然而，经过艰苦的思考和探索，有时会突发奇想，突然步入“柳暗花明又一村”的崭新境界。灵感是一种常见的现象，是“长期积累，偶然得之”的思维火花的迸发。正如柴可夫斯基所言：“灵感是一个不喜欢拜访懒汉的客人。”任何灵感的产生都是“十月怀胎，一朝分娩”的结果，是当事者对某个问题或某项技能长期思考、不懈探索的结晶，是一种不花费“踏破铁鞋无觅处”的心血就无法获得的思维成果，绝非“得来全不费功夫”。

## 四、创造能力的培养和提高

创造能力作为人的能力结构中的核心与尖端要素，其提升自然成为大学生智能培养的主要方向。鉴于创造能力是由创造性心理、创造性思维以及创造性方法等要素共同构成的完整结构，并依赖于这些要素所发挥的整体功能，因此，培养创造能力必须从优化其各个构成要素入手。

### （一）优化创造性心理

创造心理是构成创造能力的重要非智力因素，对智力因素的发展与发挥起着制约或促进作用。一般而言，成功者都具备良好的心理素质。对于大学生而言，一方面需要积极培养创造心理品格，另一方面需要有效排除创造心理障碍，以充分开发和发挥自身的创造能力。

#### 1. 培养创造性心理品格

1979 年诺贝尔物理学奖得主温伯格认为，“对自然的进攻性”这一素质比智力更为关键，往往是区分顶尖学生与优秀学生的重要标准。创造心理学认为，创造性的个性心理品格具备以下几个特点。

（1）强烈的求知欲。对新知识、新事物保持高度敏感和无限向往，兴趣广泛且学而不厌；对自己的学识和成就保持谦虚态度，永不满足。

（2）卓越的独立见解。不迷信书本和权威，善于质疑并进行独立思考，具备独立提出问题和解决问题的能力。如马克思所言，对前人创造的成果应持批判态度，进行重新探讨和检验。

（3）有胆有识，敢于冒险。胸怀大目标，勇于突破常规，探求未知领域；敢于向世俗挑战，除旧布新；不怕失败，临危不惧，具备献身精神。只有勇敢的人，才能踏入科学的殿堂。

（4）一丝不苟，具有恒心。既敢于大胆假设，又善于细心求证；专注于事业，目标始终如一，锲而不舍；一丝不苟，信念坚定，不达目的誓不罢休。当被问及如何提出著名定律时，牛顿回答道：“我只不过无时无刻不在思考它。”

（5）务实求佳，不尚空谈

不满足于纸上谈兵，一旦产生新思想便急于尝试，将其化为现实；并且在实施过程中力求制定最佳方案、追求最佳效率和绩效。这样的人往往成功周期短，成名机会多，成绩显著且影响深远。

**2. 排除创造的心理障碍**

相较于人才创造成功而言，失败者除智能因素欠佳外，主要归因于非智能因素导致的心理障碍，这是大学生必须注意并努力克服的。

保守（刻板）心理，体现为思想的保守性。具有此类心理障碍的人，不易接纳新事物，缺乏创新意识，往往受限于陈旧的传统观念和方法，从而阻碍了创新意识的萌生。要克服保守心理，须解放思想、更新观念，并着力培养创新意识和开拓精神。

定式心理，即思维定式，它使人习惯于单一的思维程序和思维方法，缺乏思维的多端性、伸缩性和转移能力，导致各种观念在头脑中形成固定的思维模式。这种习惯性的思维程序在创造过程中，往往会阻碍人的思路。要克服定式心理，必须培养发散思维，加强辩证思维训练，拓宽知识面，并增强想象力。

自卑心理，是指个体不相信自己的能力和水平的一种心理特点。存在自卑心理的人，往往处处自叹不如，妄自菲薄，从而丧失自信与自尊，无法自强进取，创新更无从谈起。有人称自卑心理为“创新的麻痹症”。要克服它，必须着力培养自信心和自尊心。

狭隘心理，则是指主观武断、缺乏自知之明，不能接受不同意见的心理状态。狭隘心理严重的人，往往缺乏思维的广阔性，不善于全方位、多角度地考察事物，因此容易陷入形而上学和主观片面的困境而无法自拔。要克服狭隘心理，必须加强辩证唯物论的学习，促进信息交流，学会系统分析方法，并积极参与综合性的创造实践活动，以不断拓宽思维的广度。

更为普遍的是，由上述这些心理障碍衍生的一系列错误认识，严重地影响了人们创新意识的培养和创造潜能的发挥。例如，最常见的错误认识有以下两种。

（1）“创新是天才的专利，我们平凡人无法创新。”持这种观点的人错误地认为，创新仅属于天才、专家、学者或大师，而平凡人则无从创新。然而，事实上，创新无处不在，如普通工人的技术革新、服装设计师的新款式设计、教师琢磨出的新教学方法等，都属于创新的范畴，都是创造力的体现和应用。在现实生活中，每个人都有创新的可能，处处都需要创造性的劳动。不断创新是人所应具有的本质特征，并非少数人的专利。诚然，有些人天生具备某些出众的才能，如敏捷的反应、强大的记忆力、卓越的速算能力等，但这些条件并非创新的必要条件或充分条件。以数学家为例，他们并不一定都具备速算才能，而拥有速算才能的人也未必能成为数学家。同样地，在某些情境下，理解力的重要性甚至超越了记忆力。反应敏捷固然值得称赞，但即便反应稍显迟钝，只要能够深入洞察事物的本质，坚持不懈，善于联想与发挥，勤奋钻研，同样能够在创新的道路上取得成就。历史与现实均证明，学生时代的成绩并非衡量未来创新能力的唯一标准。许多曾经的学习佼佼者并未最终成为科学家，而一些看似"普通"的学生却后来居上，作出了杰出的贡献。著名数学家高斯两次考大学都未能如愿，爱因斯坦和希尔伯特在学生时代也并不出众，但他们凭借不懈的努力和卓越的创造力，最终成为举世闻名的大师，为科学事业留下了不朽的篇章。这些例子都充分说明，创新并非天才的专利，而是每个人都有可能触及并实现的梦想。

（2）某些人错误地认为"由于我知识有限，基础薄弱，因此无法涉足创新领域，唯有那些学识深厚的人方能实现创新"。然而，这种观念与事实相去甚远。以解析几何的创立者笛卡儿和费马为例，他们并非专职数学家。费马是在业余时间投身于数学研究，而笛卡儿则是一位哲学家、物理学家及生物学家，他仅将一小部分精力用于数学探索。科学史上不乏这样的例证：非专业人士往往能作出专业人士难以达成的贡献。比如，微生物世界的发生者以及手术消毒法的提出者，均非生物学家或专业医生。微生物世界的发现者是列文·虎克，他一生以看门为业，磨镜片则是他的业余爱好。正是借助自己亲手磨制的镜片，他得以观察到微观世界的奥秘。而生物学家巴斯德，虽然并非专业医生，也从未亲自执刀，却凭借列文·虎克的镜片发现了手术后高死亡率的原因，并提出了手术消毒的方法，为医学领域作出了卓越贡献。

此外，文学领域也不乏类似例证。巴金的代表作《家》以及曹禺的《雷雨》和《日出》，均创作于青年时期。尽管他们后来的知识储备更为丰富，但这并不意味着他们后期的作品在成就上必然超越了早期。郭沫若在创作《屈原》时，尚未阅读过《李尔王》；在创作《虎符》时，也未曾涉猎《东周列国》。他甚至认为，如果事先阅读了这些书籍，可能就无法创作出这些作品。同样地，爱因斯坦在创立广义相对论时，对黎曼几何和张量分析尚不了解，这些知识是他后来才逐步掌握的。在某种意义上，创新为学习指明了方向，使学习成为一种真正意义上的有目标、有动力的活动。因此，可以说创新与学习是相辅相成的：人们在创新的过程中不断学习，同时也在学习的过程中不断实现新的创新。

**（二）重视创造能力培养**

创造能力是主体最为核心的能力，它代表着为人类知识宝库增添新成果的潜力，是主体综合素质与综合能力的集中体现，这涵盖了观察能力、认识能力、研究能力和发现能力等多个方面，是这些能力的综合展现。因此，我们必须高度重视对这些相关能力的训练与培养，以期最终达到提升和增强创造能力的目标。

**1. 观察能力**

观察能力是指对现实事物及其过程进行系统观察，并从中发现事物特征、情况、细节、规律与问题的能力。它是认识能力和实践能力的重要基础，对个体的心理活动和实践活动产生深远影响。观察能力始于感觉、知觉和表象等基本认识形式，其中，感觉是对事物个别属性的直接反映，知觉则是对事物整体特性的综合反映，而表象则是对事物留下的印象或记忆。因此，观察能力的强弱不仅关乎感觉器官的灵敏性，还涉及思维的敏锐性、深刻性和严密性。观察的本质在于从事物的变化过程中寻找答案，这就要求观察必须保持客观性，遵循事物发展的固有规律，不能掺杂主观臆断或虚假成分。任何结论或假设都必须在得到观察结果的证实后才能被认定。

要进行有效的观察，需要注意以下几点。

（1）目的性。观察前要明确观察的目的，包括确定观察的对象、观察的具体要求、观察的步骤以及采用的观察方法。

（2）系统性。观察时应按照一定的顺序进行，以确保不遗漏任何重要的信息或材料。这可以包括时间顺序、空间位置、内部结构、外部特征等不同的观察顺序。

（3）协调性。观察过程中应充分发挥各种感知器官的协调作用，以提高观察的效果。观察是信息有效输入的关键环节，而记忆则是观察结果的存储和检验场所。观察对记忆具有重要作用，它决定了记忆的效果，能加快记忆速度，并直接关系记忆的可靠性和牢固性。

**2. 认识能力**

认识能力是一种综合性的能力，它涉及对事物的全面认识和把握。这包括接受、观察、分析、综合、联想、抽象等一系列能力。对事物的认识和把握主要体现在对事物的内容、形式、性质、过程、属性、特点、规律、发展方向和趋势等要素的理解和洞察上。认识过程需要以知识经验为基础，通过观察和学习来掌握相关材料，分析各部分之间的联系，综合提炼出要点和实质，并总结出特点和规律，从而不断丰富和发展主体的知识结构，同时也相应地提高认识能力。

一个人的认识能力具体体现在其认知思维活动的过程中。认知思维的指向目标是获得某种认知结果，这种结果既可以存在于科学研究中，也可以体现在实践活动中。科学研究是认识思维的一种典型形式，其主要目标是达到对自然规律的认识。在实践活动中，存在大量的认知思维活动。例如，医生为了给患者治病而进行的病情诊断就是一种认知思维活动。为了达到认知目的，往往需要将动作操作和思维操作相结合。当由于某种故障或操作不当而不能达到预期目的时，人们就会转而寻求原因，这时操作思维又会引出进一步的认知思维。此外，艺术欣赏思维与认知思维并非截然分离。

通过艺术欣赏，可以引发人们对某种事物的认知欲望，即由艺术欣赏思维引出认知思维。这表明，认识能力在多种思维活动中都发挥着重要作用。

**3. 研究能力**

研究能力是指面对难题时能够突破并找到答案的能力。社会需求和部门任务所提出的课题，往往都具有一定难度和复杂性的问题，需要开拓性和创造性的工作来解决。完成这类课题研究，需要充分的准备和耗费一定的时间与精力。研究能力涵盖认识能力、实践能力、操作能力及其中的各种分支能力，其中，发现能力和总结能力显得尤为重要。

研究本质上是一种探索性思维活动，通常要经过以下几个环节。

（1）针对任务、目标和需求，明确并提出研究课题。

（2）认清课题的现状与意义，明确研究的重要性和价值。

（3）分析问题的原因、相关因素及其相互关系。

（4）提出解决问题的办法和方案。

（5）准备研究条件，进行调查研究，获取相关的情报和资料。

（6）组织实施研究计划，监控并调整研究进程。

（7）通过反复试验和修正，完善研究成果。

探索型思维的核心任务是发现问题和解决问题，这具体要通过研究能力来发挥和实现。这就要求研究主体必须具备更好的敏锐性、观察力、洞察力，拥有思维广度和深度，同时在知识和经验上也要达到一定的专一和熟练程度。此外，研究主体还需要具备冷静、沉稳、坚毅的品质，不畏艰难，耐心、细致、周全、严密，善于思考，具有创造性和好奇心以及钻研精神。

**4. 发现能力**

发现能力是指从外界众多信息源中，敏锐地察觉并识别出对自身有价值的问题的能力。它是思维敏捷性、深刻性、广阔性、灵活性及主动性等品质的综合体现，是创造性思维活动中最为核心的能力，同时也是推动社会不断向前发展的强大动力。

发现能力具体体现为对思维对象的求新思维过程，这一过程可分为两种类型：一种类型是学习性求新思维过程，即通过学习来掌握对个体而言未知的知识；另一种类型是创造性求新思维过程，即通过探索和创新获得新的知识，这包括新的发现、新的发明或其他形式的创新创造。

个人发现能力的强弱，主要取决于以下四个因素。

（1）知识经验的丰富程度。在某一领域内，知识经验的积累程度决定了个体在遇到问题时，能否依靠已有的知识经验迅速分辨出问题的已知与未知部分，从而准确确定发现对象。因此，勤于学习与实践是丰富自身知识经验的关键。

（2）独立认识问题的能力。对于未知问题，个体能否进行客观、深入、细致的分析与解剖，从中揭示其内在的本质特性与规律，这为问题的解决提供了重要的思路与方法。

（3）必备的操作技能。新的发现往往需要通过实际操作来验证和实现，因此，具备必要的操作技能，无论是手动操作还是运用仪器设备进行操作，都是至关重要的。勤于实践并多学习不同的手艺，可以有效提升操作能力。

（4）丰富的想象思维能力。面对复杂的问题，解决之道往往需要在头脑中预先组合和运作各种知识、观念、线索和联系，从中搜索到有用的方法、手段、途径、材料、工艺等，最终实现创新。因此，勤于思考、善于动脑并长期坚持，是训练出良好想象思维能力的关键。

### （三）掌握创造方法

成才主体的创造实践不仅要具备良好的创造品格和发达的创造性思维，更离不开科学的创造性方法。实际上，成才主体在创造实践的每一个步骤和环节中，都必然依赖于一定的科学方法。方法选择得当，可以事半功倍；方法不当，则可能事倍功半，甚至导致创造实践的失败。

创造方法主要可以分为以下三个层次。

#### 1. 具体方法

这是科学方法论的最低层次，主要由各种科学技术工作中的技术手段、操作规程、技能技巧等构成，是创造性实践活动的最直接的技术手段。例如，斐索通过“劈开光束”的巧妙方法攻破了光速测量的难题，这是一项科学上的具体方法；詹纳通过种牛痘的免疫方法成功预防了天花，这是医疗领域的具体方法。再如车工的操作法、水稻的栽培法等，都属于具体方法。要成为各行各业的人才，首先需要熟练掌握各行各业的最基本方法。巴甫洛夫曾指出，科学的发展往往是随着方法的突破而不断进步的。

#### 2. 一般方法

这一层次是从各学科研究方法中提炼出的具有普遍适用性的方法。现代科学的一般方法涵盖观察、实验、比较、模拟、归纳、演绎、分析、综合、假说等多种方法，以及数学方法、合理化方法、理想化方法、控制论方法、系统论方法等。掌握这些一般方法的规律、原则及特点，能够指导我们更科学、更自觉地运用专门方法和具体方法，从而更有效地完成各项研究任务。以美国阿波罗登月计划为例，该计划历时10年，涉及2万家公司、120所大学及60多万人的参与，耗资高达300亿美元。如果没有采用系统论方法进行科学的组织管理，其成功几乎是不可想象的。

#### 3. 哲学方法

这是以哲学原理、范畴和规律作为基础，适用于包括自然科学和社会科学在内的一切科学的方法，处于方法论的最高层次。它不能代替低层次的方法，但它是所有方法论总的指导思想。我们时代的最高成就是马克思主义唯物辩证法。自觉地运用哲学方法，是取得科研成就的根本原因。日本物理学家坂田昌一提出了“复合粒子模型”，对基本粒子研究作出了贡献。他曾说：“恩格斯的《自然辩证法》就像珠玉一样放射着光芒，始终不断地照耀着我40年的研究工作，给予了不可估量的启示。”

总之，优化创造性心理，重视创造能力的培养，掌握创造方法，对大学生的成才具有重要意义。当代每个大学生要想成为知识渊博、富有创造能力的人才，必须下决心优化自己的知识结构和培养创新能力。

## 第二节　素质教育与塑造大学生健全人格

随着市场经济的逐步建立和完善，高等学校的功能已经由单一的育人功能转变为育人与科研并重的双重功能。因此，高等教育与国际接轨以及适应社会主义市场经济的发展，成为历史演进的必然趋势。当前，高等教育的改革方向是适应市场需求、服务社会并与经济体系实现有效接轨。从某些维度观察，高等教育确实展现出与经济活动相似的规律和特性。然而，教育所面向的对象是人，它承载着多元化的功能。除了经济功能之外，教育还肩负着政治功能、文化功能以及全面育人的功能。这些功能若仅仅用经济规律和商品特性来概括，显然是片面且不科学的。因此，在高等教育领域，科研成果和高科技产品应当与市场经济接轨，这是高校实现生存与发展的必由之路；但与此同时，教育中的素质教育绝不能“商品化、市场化”，培养具有理想、道德和健全人格的高素质人才，才是教育的根本使命。

### 一、实施人格素质教育的重要性和必要性

在素质教育体系中，人格素质教育占据着首要且重要的地位。人格是塑造个体命运的关键因素，同时也深刻影响着社会与世界的进程与发展。社会主义教育事业的核心目标在于培养具备高尚品德和健全人格的人才，这些人才须能够跨世纪地面向现代化、面向世界、面向未来，成为“四有”（有理想、有道德、有文化、有纪律）新人，肩负起祖国现代化建设的宏伟使命。

#### （一）重要性

教育的根本目的在于培养全面发展的人才。从教育本身来看，它包含两个层面的

含义：一是哲学层面，涉及教育的本质、宗旨与理想；二是科学层面，关乎教育的组织形式、管理制度、课程设置等具体实践。

一般而言，在教育讨论中，人们往往更倾向于关注教育的科学层面，如教学改革、管理强化、教学质量及升学率的提升等，致力于培养出具备专业技术和能力的高级专门人才。然而，在这一过程中，教育的哲学层面却容易被忽视。教育的真正意义不仅在于使学生掌握知识和技能，其更高宗旨在于通过教育引导学生的人格向健康的方向发展。学校的使命是培养既具备丰富知识又拥有高尚道德的人才。

教育者的职责不能仅仅局限于传播知识与技能，更重要的是引导学生树立正确、高尚的人生观和价值观，即培养具有高尚品德和健全人格的全面发展的人，使他们能够将所学知识贡献给国家和社会。

马丁·路德·金曾言："真正的教育目标在于德智并重，且德育应置于智育之上。"罗斯福也曾指出："教育一个人的知性而不培养其德行，就是为社会增添了一分危险。"因此，人格素质教育具有至关重要的地位。

**（二）必要性**

考察中外教育的历史脉络，无论是西方国家还是我国，其教育思想的核心均体现了"德育先行"的理念。

1997年，联合国教科文组织针对21世纪人才的标准，组织了一支由50余位专家组成的调研团队，对全球50余个国家的高等教育体系进行了深入调研，并据此提出了21世纪人才的标准。回溯我国的教育思想，儒家思想从根本上主张"人格素质教育"应先于"才能教育"。《大学》中更是明确提出："大学之道，在明明德，在亲民，在止于至善。"人格教育是全面教育的基础，只有在人格教育完善的基础之上进行的才能教育，才能被视为一种全面的教育，所培养的学生才会是"德才兼备"的人才。唯有这样的人才，才能积极为国家作出贡献，推动社会的发展与变革。

自中华人民共和国成立以来，我党的教育方针和目标始终明确"德育"的重要地位，致力于培养德、智、体、美、劳全面发展的社会主义事业的建设者和接班人。这一方针高度概括和体现了我党的全面教育思想。正是在这种教育思想和教育方针的指导下，我国培养了一大批德才兼备的社会主义的建设者和接班人。

我国学校教材均蕴含了丰富的德育内涵，社会各界普遍认识到知识与道德对于国家和社会的重要性。塑造健全的人格、培育全面发展的人才，是我们每一个教育者神圣的历史使命和责任。帮助青年学生发展良好品性的教育目标在我国教育体系中占有举足轻重的地位，为我国培养了一大批社会急需的建设者和接班人，为我国的经济建设、国防建设作出了卓越的贡献。

改革开放以来，我国教育进入了高速发展的轨道。特别是"科教兴国"战略的实施和“科学技术是第一生产力”论断的提出，为我国教育的发展带来了前所未有的机遇。尊重知识、尊重人才的社会风气为培养德、智、体、美、劳全面发展的人才提供了积极的外部条件。

然而，我们也应清醒地认识到，在社会主义市场经济的建立过程中，随着社会的不断发展和各种利益关系的调整，以及对外开放的不断深入，一些负面影响也给教育带来了冲击。在中小学教育中，“应试教育”的影响导致重智育轻德育的现象仍然存在，智育被置于素质教育之上，而人格素质教育则被置于无足轻重的地位。在高等教育中，也出现了“专业面过窄、重知识灌输、轻能力培养、缺乏全面素质提高”的现象。目前，高校面临的主要困扰是个人行为问题、心理问题、品性问题及其他社会问题的出现和增多。如以自我为中心、追求名利、及时行乐、肆无忌惮等与社会道德标准严重背离的现象，这些现象引发了学生一系列的心理问题：孤立、痛苦、空虚、苦闷、失望、消极等，无疑给高校管理带来了严峻的挑战。因此，实施人格素质教育势在必行、刻不容缓。美国当代杰出的教育家托马斯·立可纳博士在其所著的《人格教育》一书中指出：有史以来，教育所追求的目标都是双重的：一是帮助青年开启智慧，二是帮助他们发展良好的品性。当人类的科技力量变得更强大时，心智与人格的力量也必须随之增强。

## 二、大力实施人格素质教育，培养德才兼备的人才

近年来，为了培养全面发展的高素质人才，各国都在适应性地调整教育目标，实现从单一的知识传授向素质教育的转型，从培养“才能”型人才转向培养“全面”型人才。因此，推行素质教育已经成为21世纪教育的发展趋势和当今的国际潮流，尤其是人格素质教育的推行，包括美国等西方国家在内，已经重新成为社会关注的焦点。以美国为例，近几年兴起了推行人格素质教育的新潮流。在过去，美国的公立学校很少有推行人格教育的意识，而如今，全美各地已经有20%的学校实施了或正在计划实施人格教育。校园中出现的诸多问题已经使教育者们逐渐认识到，德育与智育必须并行发展。在美国，还涌现了专门的人格教育组织，如“人格教育伙伴”“共有社会网络”“伦理与人格促进中心”等。通过学校教育及这些组织的努力，人格教育在短短的几年内就取得了显著成效。日本过去的教育目标顺序为“智、德、体”，在经历了教育危机并尝试了此种教育带来的多种弊端后，也将教育目标改为“德、智、体”的新顺序，表明意识到了“人格素质教育”的重要性。

在我国，全面的素质教育已经推行了多年，经过努力已经取得了显著成效，但“人格素质”教育的实施则相对薄弱。如何在现有的素质教育中突出“人格素质教育”是我们教育工作者应该深入思考和积极实践的问题。

人格可以定义为：引导一个人作出高尚行为的内在品质，是一种与当代社会和文化交融而形成的稳定的个人心理特征。一个人心理成熟的程度决定着其人格品性的高低。一个成熟的人格应具有高尚的品德、正确的价值观和健康良好的行为习惯，追求为社会、为他人而努力进取的典范人生。

人格素质教育包含心理素质（心情）教育和规范教育。心情教育主要指的是责任感、世界观、人生观、爱国爱民情操等方面的教育；规范教育则包括道德教育、伦理教育和个人行为教育。针对目前大学生的人格素质现状，大学教育应将政治思想教育、社会实践和自我教育有机结合起来，促进学生的人格朝着健康、积极、全面的方向发展。

**（一）以德育教育为核心，培养学生优良的思想品德素质、崇高的爱国主义精神**

德育是教育的核心所在，我们应当严格遵循德育原则，采取有效措施，并坚持社会主义育人的标准，以培养大学生优良的思想品格为目标。为实现这一目标，我们可以通过“两课”教学、形势政策课的讲授、举办多种形式的讲座，以及利用读书兴趣向学生推荐优秀书籍等多种方式，来影响和塑造学生群体的人格。在大学生中，我们应积极倡导高尚的品德，弘扬正气，这包括坚定正确的政治方向，培养崇高的爱国主义精神，使他们对祖国和民族怀有高度的责任感、义务感和牺牲精神；同时，鼓励他们积极追求真理，对社会主义事业抱有强烈的献身精神，并努力成为具有高尚思想品德和崇高精神境界的人才。

**（二）以班级建设为基础，引导学生崇尚进取的人生观，确立正确的价值观**

人格教育的基础植根于人类社会普遍认同并珍视的价值观之中。诚实、尊重、勇敢、勤劳等美德，在各国价值观体系中均有所体现。为了有效引导学生，我们应当经常组织形式多样且贴近学生思想的班团活动，引领学生树立正确的价值观，崇尚积极进取的人生观。在活动中，我们应鼓励学生选择诸如自信、开朗、勇敢、热情、勤劳、坚毅、谦逊、善良、正直等进取型人格品质，作为自己人格塑造的重要依据。同时，人格教育的中心任务在于，帮助学生树立远大的理想，培养他们勇于开拓、富于创新的精神，并将个人的命运与祖国的前途紧密相连。因为理想是人格的灵魂，唯有那些树立了为国家、为民族奋斗终身理想的人，才具备真正高尚的人格。

**（三）以养成教育为重点，帮助学生培养良好的个人行为和健康的心理素质**

养成教育实质上是一种规范教育，它要求教育者自身必须具备积极正直的人格，以便在学生中树立起人格权威。教育者应主动接近学生、深入了解学生，从而有效地指导和锻炼学生，帮助他们形成正确的做人行事态度和行为习惯。在班级建设和日常管理中，教育者应注重思想工作的深入细致，利用班级的集体氛围，强调道德纪律的重要性，以此培养学生良好的习惯。通过纪律的约束和锻炼，学生可以逐渐获得自律能力，进而自觉遵纪守法、尊重他人，共同促进良好班风和校风的形成。同时，教育者还应注重培养学生的合作能力。通过班级活动，鼓励学生相互交流、相互学习、相互服务，学会信任、尊重、负责、接纳等优良品质，并掌握解决冲突的方法。这样的锻炼可以增强学生的意志力、自控力和自律力，培养他们和谐的人际关系以及对世界的爱心。

合作的人格品质对于一个人进入社会后的发展至关重要。而良好的个人行为则源自健康优良的心理素质。在当今素质教育日益加强的背景下，大学生面临的心理问题日益突出，这使心理素质教育变得迫在眉睫。心理素质是人格的重要组成部分，因此，在培养学生良好的个人行为的同时，我们还应通过多种途径加强学生的心理素质教育。这包括引导学生正确认识自我、评价自我，增强他们的心理承受能力，使他们善于从失败中吸取教训并积极向上，以积极健康的心理状态去面对学习、生活和未来的一切挑战。

**（四）以社会实践为途径，实现学生人格的社会化、个性化塑造**

大学生正处于青春时期，大学时代对他们而言至关重要。这一阶段不仅是获取知识的黄金时期，更是学会做人、塑造人格的关键阶段。而人格的塑造是一个不断实践的过程。因此，社会实践是帮助学生实现人格社会化和个性化的重要途径。通过暑期的“三下乡”社会实践活动、日常的青年志愿者活动等，学生可以走出校园、接触社会，使自己的人格得以社会化。同时，在各类创新活动中，学生的人格也能得到个性化的发展。

《大学》开篇有言：“大学之道，在明明德，在亲民，在止于至善。”此番言论精辟地揭示了教育的首要使命——塑造学生的品格，而后才是培养其专业技能。当一名学生完成高等教育，踏入社会之际，他不仅应被期望成为未来的科学家、工程师、艺术家或政治家，更应当成为具备崇高人格魅力的个体。对青少年进行人格素质教育，无疑是全球范围内最为崇高且深远的目标之一。鉴于此，高等学校肩负着不可推卸的责任，应当全力以赴地强化和推广人格素质教育。这是一项“十年树木，百年树人”的神圣且宏大的使命，旨在为国家培育出大批既怀抱崇高理想，又拥有完善人格，且在各方面均衡发展的高素质人才。通过这样的教育，我们期望能够造就出不仅专业技能出众，更在道德、情感与智慧上全面发展的未来领袖，为社会的繁荣与进步奠定坚实的基础。

## 第三节　素质教育与促进大学生全面发展

市场经济环境对大学生的能力和素质提出了新的要求与评价标准，即要求大学生发展成“一专多能”的复合型人才。“一专”意指具备扎实且宽广的专业知识基础，“多能”则涵盖较强的应用能力、创造能力、表达能力、交往能力以及基本的管理能力。

### 一、努力提高应用能力和创造能力

#### （一）努力提高应用能力

**1. 应用能力的内涵**

应用能力是指个体能够综合运用所学知识，对实际问题进行分析并有效解决的能力，这一过程可分解为两个核心步骤：运筹与行为执行。

运筹是指个体在面对多样化的场景时，无论自觉与否，都会运用自身所掌握的知识，对实践的目标和方法进行选择的过程。在此过程中，心理上的矛盾与冲突是普遍存在的，而个体的运筹能力正是在这一复杂的心理运动过程中得以体现。在此环节，果断的品质显得尤为重要。果断是指个体能在较短的时间内，根据各种情况及时、准确、迅速且合理地作出运筹决策，并毫不犹豫地执行决定的心理表现。它要求个体能迅速考虑各种情况，并从多种可能性中果断选择一种——当然，在条件允许的情况下，一个果断的人能够更为从容地分析情况，从而作出正确的判断。若个体在不同的实践目标和方法之间犹豫不决，迟迟不作出选择，则是优柔寡断的表现。

行为执行是将运筹所得的结论转化为实际行动和认识的过程。而行为能力，则是指执行运筹方案、处理和解决各种实际问题的能力。在行为执行过程中，个体往往需要付出巨大的意志力，经历心理的紧张，并需忍受由行为本身或行为环境带来的各种不愉快的体验。因此，个体需以坚韧而灵活的方式，克服行动中的内部和外部困难。

**2. 应用能力的时代意义**

在当今世界，面对新技术革命的迅猛推进和综合国力竞争的严峻挑战，各国普遍将培养适应 21 世纪急需的人才视为提升国家实力、应对新科技革命挑战的关键手段和必要条件。经济的竞争，其核心归根结底是教育与人才的竞争。因此，教育改革与发展已成为世界各国高度关注的焦点问题。

### 3. 联系实际、提高应用能力

作为新时代的大学生，应当在日常学习中就注重培养应用方面的能力。实际操作能力，亦即动手操作能力，是实验能力、制作能力和工艺能力等多种技能的统称，构成了应用能力的一个重要组成部分。常言“心灵手巧”，正是对这一能力的生动描绘。古往今来，无论是能工巧匠还是其他领域的杰出人物，往往都具备出色的实际操作能力。世界上众多对人类进步产生重要影响的创造发明，都离不开人的实际操作能力。古代大思想家墨子不仅在学术界独树一帜、影响深远，同时还是一位精于机械的工程师。他曾从事木匠工作，手艺精湛，能制作飞动的木鹞，还能制造载重达50吨的车辖以及守城的器械。三国时期的蜀汉名相诸葛亮和俄国的彼得大帝，都是杰出的政治家，同时他们也都拥有很强的动手能力。诸葛亮曾发明“木牛流马”用于运输粮草，既快捷又省力；他还发明了“连发弩”，能够同时发射十支箭，是当时威力最大的弓弩。彼得大帝则曾亲自到西欧诸国进行考察，深入学习了造船技艺和平面图绘制的要领，甚至还坚持参与了几次外科手术，以惊人的速度学会了拔牙的技巧，并掌握了铜版雕刻的技能。美国学者哈里特·朱可曼在研究诺贝尔奖获得者的平均年龄时发现，理化两科的获奖者平均年龄相对较小。这一现象的原因固然是多方面的，但其中一个重要因素就是理化两科的实验和操作机会较多，与操作相关的思维活动频繁，从而促进了智力的发展。

## （二）注重培养创造能力

### 1. 创造能力的内涵

“创造能力”在教育科学、心理学以及脑科学的研究领域中占据着举足轻重的地位，是一个核心且复杂的议题。我们将其精确定义为：个体在创造性活动中，能够有效整合并灵活运用观察能力、注意能力、分析能力、想象能力以及操作能力等多种认知与实践技能，以达成创新目标的综合能力。创造能力的核心特质在于其“新颖性”，这种新颖性不仅体现在思维层面的新思想、新概念、新理论的诞生，还广泛体现在实践领域的新方案、新工艺、新技术、新方法的涌现。正因如此，创造能力在学术与实践领域中常被等同为“创新能力”，被视为推动知识进步与社会发展的重要驱动力。

（1）创造性人才的智力品质应包含以下几个方面。

①合理的知识结构。具备涉足领域的基本专业知识及相关领域的辅助知识，形成有利于“创新”博专结合的知识体系。

②合理的智能结构。包括自学能力、观察能力、理解能力、文字与口头表达能力、组织管理能力、动手操作能力，以及掌握科学方法论和具备创造思维能力。

③评价鉴赏能力。能够运用知识和智能，认识事物的规律和本质，把握发展方向，预测未来及后果，这种能力在决策、应变、统筹、发挥优势等方面得到体现。

（2）在非智力品质方面，创造性人才应具备以下几个方面。

①创造动力因素。包括创造的需要、创造的动机以及理性的胆识。

②创造行动心理。表现为对创造的兴趣及敏感性以及掌握创造性思维方法。

③创造的特殊思维心理。如灵感、直觉、顿悟、机遇捕捉以及好奇心等。

智力因素与非智力因素的平衡协调发展，是培养较强创造能力的关键。

**2. 解放思想、培养创造能力**

大学生创造能力的培养涉及三个核心要素：客观环境、主观努力以及教师的素质训练。其中，知识结构是创造能力的基石。为了培养创造能力，大学生首先需要构建完善且合理的知识结构；其次，还应掌握一些必要的其他方面的知识与意识，例如专利意识等。大学生应当铭记一句格言：学习前人的经验，走自己的道路，尽早进入专业角色。

具体来说，大学生在培养创造能力的过程中应注意以下几点。

（1）善于发现和捕捉疑问。积累并反复思考疑问，这对启发新思维大有裨益。在不同时期，针对同一问题可能会得到不同层次的解决方法或答案。爱因斯坦曾指出，中肯地发现问题就已经解决了问题的一半。特别是对于社会问题，调查本身就是解决问题的关键。因此，积极参加社会实践等第二课堂活动是发现问题、解决问题的良好机会。

（2）珍惜学习中的实践环节。每一次实验、实习、社会考察都是探索自然和社会奥秘的宝贵机会。这些实践活动既包含学习的内容，也包含发现的元素，本身就是一次小型科研活动。

（3）撰写学术论文是创造才能的重要标志。实验分析家需要拿出科学的数据，理论家需要提出自己的框架体系，产品设计家需要拿出受社会欢迎的新产品。这些成果都需要通过撰写并发表论文来得到社会的承认。学术论文是研究成果的体现，也是创作与创造活动的重要组成部分。将学习中具有独特见解的设想撰写成文章，也是进行创造活动的具体表现。

（4）认真对待课程设计及毕业设计（论文）工作。对于大多数大学生来说，这是他们首次进行的创造性活动演习。在这个过程中，他们需要收集大量的资料，自己进行分析和取舍，运用自己的知识和能力去解决实际问题。这是一个锻炼创造能力的绝佳机会，因此一定要珍惜。

**3. 做开拓创新型人才**

作为一个开拓创新者，首要的是秉持从实际出发的态度和战略，不盲目遵循书本，不唯上命是从，敢于大胆探索，勇于创造新经验，积极开拓新路径。从实际出发，是唯物主义的思想路线和根本原则，它体现了实事求是的精神。选择唯书、唯上还是唯实，是衡量一个人是否具备探索勇气和开拓创新精神的重要标准。不唯书，并不意味着放弃读书；相反地，对于马克思主义的理论著作及其他科学著作，我们应当认真学习，努力用革命理论和科学知识武装自己，并重视理论指导实践的作用。不唯上，也不是忽视领导，而是要更好地贯彻下级服从上级、全党服从中央的组织原则，同时保持独立思考和创新的精神。要成为一个开拓创新者，就必须具备披荆斩棘的勇气、征服艰难险阻的毅力、应对“不测风云”的胆略以及化险为夷的能力。未来的世界属于青年，只有通过不断的开拓创新，才能让世界的明天更加美好。

## 二、练就较强的表达能力

人类交往主要依赖于语言媒介来实现。大学生步入社会后，无论从事何种职业，都必然需要与人互动，交流思想与情感。这些日常的交流、演讲、文书编辑以及工作报告的撰写，都离不开语言媒介的支持。因此，我们所强调的练就较强的表达能力，主要包括口头表达和文字表达两个方面。这实际上要求大学生深入理解并掌握语言艺术，能够灵活自如地运用它。

### （一）语言的含义

语言是传播活动的媒介，它构成了一种用以传递信息的符号系统。瑞士语言学家索绪尔在其著作《普通语言学教程》中指出，语言（具体指词汇）是一个“符号”，它融合了概念与音响形象两个要素。换言之，作为语言符号的词，是内容与形式的统一体。以“书”这个词为例，其内容即其含义或概念，指的是“装订成册的著作”；而其形式则是词的发音。索绪尔进一步提出，语言符号是一种双面的心理实体，它既是一个指号系统——“能指”（词的音响形象），同时也是一个蕴含意义的系统——“所指”（词的概念）。在交际过程中，语言符号的“能指”和“所指”能够引导人们联想到客观世界的具体事物。这样，在语言交际中，词语便构成了一个三元结构。其他语言学家也从不同角度对“语言”进行了阐述。在语言学界，曾一度达成这样的共识：语言是以语音为物质外壳、以词汇为建筑材料、以语法为结构规律而构成的体系。

随着现代信息科学的发展，“语言”这一概念的内涵得到了拓宽，外延也得到了扩展，如“视觉语言”“人体语言”“雕塑语言”等。这些“语言”均指的是一种广义上的语言。现代信息科学认为，“语言”就是传递信息的符号系统。通常所理解的狭义语言（口语）及其文字表现形式（书面语）只不过是这种广义语言中的特殊形式。现代人们越来越达成共识：人类所通用的符号语言，除了口语及其书面形式的文字语言之外，还包括表情语言、形体语言、装饰语言等。

尽管狭义语言是最重要的一种语言形式，但它并不是现代社会中唯一的交际工具。我们常常可以观察到，人们通过指点、挥手、扬眉、注视等动作来传递信息。因此，在现代科学中，“语言”这一概念已经超越了通常的“自然语言”的语义界限，被广泛地理解为能够储存和传递信息的符号系统。从这个意义上说，表达能力的培养不仅局限于能说会写的能力，而且还应该拓展到人际交往过程中的礼仪等领域。

### （二）口头表达与书面表达

#### 1. 口头表达

以说和听为形式的口头表达，即是有声语言。它主要包括交谈式和独白式两种类型。交谈式口头表达常见于答问、谈心、访问、接待等活动中，需要通过有问有答或有说有听的交谈来完成彼此间的交流。而独白式口语表达则主要应用在演讲、报告、会议发言、工作报告等场合，其特点是一人讲、众人听。

在日常人际交往中，口语和广播语言是口头表达的两种最主要的形式。

（1）口语。口语是一种独特且富有活力的语言形式，它明白流畅、生动活泼，同时又不失庄重典雅的格调。在一切应酬、介绍、寒暄等社交场合，都离不开口头表达。即使在非正式的场合，如家人、朋友、同事、上下级之间的联系，也需要用口头语言表达能力。在谈判、论辩这类严肃认真、针锋相对的谈话场合，更需要高超的口语来表达，如对外交往中的外交语言、国际大专辩论赛上的辩论语言等。此外，口语还经常被用于演讲、报告等非双向交流的场合。领导与员工的谈话、编辑与作者的谈话、营业员与顾客的谈话、推销员与买主的谈话等，也都经常使用口头表达。由此可以看出，口头表达适用于任何场合，是一种非常重要的语言表达形式。

由于受交际的时间、地点、条件等方面的限制，口语表达需遵循以下原则。

①通俗易懂原则。选用词语首先要让人听懂，避免使用冷僻、晦涩的词语，否则会造成沟通、交流的失败。例如，明人赵南星写的《笑赞》里有一则笑话：一秀才买柴，说：“荷薪者过来。”卖柴者因“过来”二字明白，即把柴担挑到他面前。秀才又问：“其价如何？”因“价”字明白，对方说了价钱。秀才再说：“外实而内虚，烟多而焰少，请换之。”卖柴者不知所云，便挑担而去。这个笑话中的买卖过程，也可看作我们日常的口语交往过程。因选用词语不易听懂，秀才未买到柴。

②规范典雅原则。通俗易懂并不意味着要使用俚俗粗鄙的词语。一个人的谈吐直接影响到其自身的形象，因此，也应选用规范典雅的口语。

③词语色彩中性化原则。在人际交往中，一般应采用不强调褒贬的中性词语，以缩短与他人的心理距离，达到沟通的目的。切忌自夸自大及在背后说他人长短，否则时间长了会引起他人的反感。

④词语表达要恰如其分原则。即要把握好遣词造句的分寸，不要过分夸张，防止语意走向极端。比如，适度的赞美可使对方产生愉悦感，但过分了只会适得其反。如果一位小姐并不太漂亮，却连声夸奖：“啊，你真美，是我见到的最美的女子！”这就

容易让小姐觉得受到了讽刺。

（2）广播语言。广播语言是一种经过一定准备的语言表达方式，通常用于演讲、报告、辩论等比较正式的场合。这种语言相对于口语来讲显得更为规范、典雅且富有感染力。有时，广播语言需要借助覆盖面很广的传播媒介进行传播，因此在效用和传播范围上具有其他语言所难以比拟的优势。

**2. 书面表达**

书面表达是指将有声语言以文字形式记录下来，或通过录音等方式进行信息传递的一种表达方式。书面表达中常用的文体包括公文体、新闻体、广告体等。

（1）公文体。公文体是机关、团体、企事业单位在相互联系和处理事务时所使用的各种书面语言（如谈判协议、会议纪要、电文和通知等）所采用的文体。公文体注重程式化，根据不同使用场合形成了若干固定的格式，这是公文体与其他语体相区分的特点。公文体要求文字简练、句式简洁、措辞准确、语言清晰明确，且概括性强，保留了较多的文言色彩。

（2）新闻体。新闻体是公报、通讯、消息等书面语言所采用的文体。新闻的核心价值在于其真实性，即报道的内容必须是人们可以核实的事实。因此，在新闻体中，确保内容的可靠性是至关重要的。新闻体是面向社会大众的，由于各种新闻传播承担着不同的任务，并面向不同的公众群体，这客观上要求新闻体必须具备多样化的语言风格，以满足不同受众的需求。

（3）广告体是各种媒介（如报纸、刊物、招贴、广播、电视和网络等）在传递产品、服务或观念等信息时所采用的书面语言文体。广告的成功与否在很大程度上取决于语言材料的选择与组合。新鲜活泼的语言能够晓之以理、动之以情，使公众产生丰富的联想。当然，广告语言必须客观真实，不应夸张或吹嘘。

**（三）培养独特的语言风格**

语言风格是语言运用中各种特点的综合体现，它反映了人们运用语言的方式、方法的差异，从而形成了各具特色的风貌和格调，这些风格在交际中各有其用途和独特魅力。要想提升表达能力，除了通过广泛阅读优质书籍来拓宽知识面、增强文化素养外，还应注重把握以下几类语言风格。

**1. 简洁精练**

精练而有力的语言风格，凭借其高效的语言运用方式，实现了以最少的话语传达最丰富信息的目标。在人际交往中，这种直接明了的表达方式相较于冗杂烦琐的论述，往往能更迅速地吸引听众的注意力。它不仅彰显了说话者敏捷且深刻的思维分析能力，作为高水平认知能力的标志，同时还映射出现代社会快速的生活节奏和强烈的时间管理意识。采用简洁的语言风格，能为交流注入活力和现代感，因此培养精练的表达习惯尤为重要。

（1）个体需积累丰富的语言素材库，并在实际交流中能够精准选取那些既贴切又高效、言简义丰的词汇来传达思想，确保核心信息不被无关紧要的修饰、限制或过度强调所遮蔽。

（2）关键在于把握交流的核心要点，使语言表述直击要害、重点突出，避免偏离主题或陷入无关紧要的细节讨论中。

（3）在开口之前进行周密的思考至关重要，须对所要表达的内容有清晰的认识，合理规划语言结构，确保条理清晰、层次分明。同时，保持情绪的稳定是梳理思路不可或缺的条件，有助于实现更加精准有效的沟通。

**2. 生动形象**

语言的魅力其根本在于其生动与形象的表现力，这一特质能够将无形之物具象化，将抽象概念实例化，将枯燥内容生动化，从而极大地增强对听众的吸引力与感染力。更进一步说，生动与形象构成了语言多样性的基石，为其他语言风格的形成与发展提供了必要的土壤。

为了实现语言的生动与形象，以下几点策略尤为关键。

（1）须精心挑选那些富含色彩与形象感的词汇，它们如同画笔，能够在听众的心中描绘出一幅幅鲜明的画面，使语言更加鲜活有力。

（2）应熟练运用各种修辞手法，如比喻以启迪联想，排比以增强气势，拟人以赋予生动形象，夸张以突出效果。这些修辞手法的巧妙运用，能够极大地丰富语言的表现力，使语言更加富有层次与韵律。

（3）应注重寓理于事，通过具体的事例来阐述道理，避免空洞无物的说教。这样做不仅能够使语言更加生动有趣，还能够使听众在轻松愉快的氛围中领悟到深刻的道理，从而达到更好的沟通效果。

**3. 幽默风趣**

幽默作为人类思想深度、学识广度、智慧高度以及灵感火花的集中体现，是一种将个体内在气质巧妙融入语言表达的艺术形式，在公共关系与人际交往领域扮演着举足轻重的角色。

（1）幽默以其独特的魅力，能够有效激发听众的愉悦情绪，营造出一种轻松愉悦、心旷神怡的交流氛围。它不仅能够活跃现场气氛，还能增进双方的情感，悄然拉近彼此的心理距离，为深入沟通奠定良好的基础。

（2）幽默的一个核心特征在于其寓庄于谐的表现手法，即借助笑声作为载体，传递深刻的真理与智慧。这种在轻松愉悦中蕴含深意的方式，往往能给人以深刻的启迪与教育，让人在欢笑之余，也能品味到其中蕴含的深远韵味与美感。

（3）幽默风趣还是化解矛盾、缓解紧张气氛的利器。在尴尬或紧张的情境中，恰当的幽默能够巧妙地帮助双方摆脱困境，打破僵局，为进一步的交流与合作创造有利条件。

（4）幽默风趣的语言风格对于塑造个人在交际中的形象同样至关重要。一个幽默风趣的人，往往能够展现出其良好的性格特征，如乐观、开朗、机智等，这些特质无疑会为其在交际中赢得更多的好感与尊重。

**4. 委婉含蓄**

委婉含蓄是一种精妙的语言艺术，指的是在言语交流或书面表达中，故意采用曲折隐晦的方式，不直接点明本意，而是让意义蕴含于言辞之外，引导听者或读者通过思考领悟其深层含义。这种语言风格在人际交往中扮演着缓冲器的角色，既能在个人表达时巧妙绕过难以直说的内容，又能在拒绝他人、提出异议或进行批评时，有效维护对方的自尊心，是交际互动中不可或缺的重要策略。

要培养并运用好委婉含蓄的语言风格，须注重以下几种表达技巧。

（1）灵活运用模糊语言，即采用那些外延界限模糊、内涵高度概括的词语与表述，为日常交际提供便利，使沟通更加圆融和谐。

（2）巧妙运用修辞手法，诸如比喻、借代、双关、烘托、暗示、省略及折绕等，这些手法能够显著提升语言的委婉含蓄程度，使表达更加细腻且富有层次。

（3）掌握语句置换的技巧，通过变换词语与句式，如以祈使句替代否定句，来缓和语气，避免直接冲突，使信息传达更为温和、易于接受，从而在交际中达到更佳的沟通效果。

## 三、掌握交往的原则和技巧

当一些社会学家在调查中提出这样一个问题——“如果你被带到一个荒无人烟的孤岛上，你首先会选择携带什么物品？”时，许多人选择了收音机。这一现象表明，无论从人类生存与发展的本质来看，还是从当代社会发展的特点来审视，人类都是无法脱离自己的同类而存在的，人有着强烈的交往需求。早在距今2000多年前的《诗经》中，就有“嘤其鸣矣，求其友声。相彼鸟矣，犹求友声；矧伊人矣，不求友生？”的诗句，深刻表达了人类对于交往的深切渴望。

### （一）现代人际交往的基本特点

**1. 讲求实际**

在当前的社会发展脉络中，尽管商品经济经历了从萌芽到繁荣的显著变迁，生产力水平亦实现了由低到高的历史性飞跃，但一个完全基于“大公无私”理念的社会经济结构及其相应的社会心理基础，尚未得以全面确立。人际交往的“织锦”中，个体间的联结在很大程度上依然围绕着一种实用主义的“轴线”旋转，即对方能否为自己提供必要的援助与支持，并伴随着一种隐含的期待，即这种援助应在对方能力范围内得到相应且合理的回馈。简而言之，现代社交互动越发凸显实效性以及互惠互利原则。

当交往的双方都能在相互关系中贡献出各自力所能及且恰如其分的帮助与回馈时，这种交往便拥有了持续深化与拓展的坚实基石，有可能在时间的长河中稳固前行。然而，若交往的天平出现倾斜，任何一方感知到自身在精神或物质层面上的获益缺失，或是对方的诉求成为自身难以承受之重，那么，这段关系便可能遭遇侵蚀，逐渐褪色，最终走向消解与终结。这一过程深刻揭示了现代社会交往中，利益平衡与情感共鸣对于维持稳定关系的不可或缺性。

**2. 注重效能**

珍惜时间，注重办事效率，是现代人际交往中的另一个重要特征。随着科技的进步，经济发展得以加速，物质生活越发丰富，文化生活也呈现出多姿多彩的景象，这使得人们比以往任何时候都更加感受到时间的紧迫性。“时间就是金钱，效率就是生命”的观念已经深入人心，并成为指导现代人际交往的重要信条。在现代社会，人们不希望在人际交往中反复思量、犹豫不决或有意拖延；相反地，明快、高效的交际方式受到了普遍的欢迎。这与那些观念陈旧、思维迟钝、缺乏紧迫感的交际方式形成了鲜明的对比。

**3. 讲究技巧**

与传统人际交往模式相比，现代人际交往展现出了更为明确的目的性。为实现特定目标，人们倾向于借助心理学知识，深入学习和掌握人际交往的方法与技巧，细致研究对方的人格特征和行为模式，力求打破陈旧的框架和固定不变的模式束缚。在此基础上，他们采取灵活多变的方式，以期更有效地达成交往目标。

**4. 接触广泛**

与过去相比，现代人对于工作伙伴和朋友的需求显著增加，加之社会生活内容的日益复杂性，共同决定了现代人际交往具有广泛性的显著特点。人们的横向交际范围明显拓宽，交际的空间距离增大，涉及的领域更加广泛，沟通的渠道日益增多，方式也变得更加多样化。在现代社会，人们频繁地穿梭于不同的城市之间，而城市生活中的流水作业化生产方式、公众集会、社团组织活动、娱乐事件、体育比赛等多元化元素，使得人们匆匆相聚又匆匆分离，形成了人际交往频率高、时间短、接触面广泛的活跃局面。

**5. 缺乏深度**

现代交际展现出了双重特性：一方面，它具有广泛性，这体现在人际交往的视野开阔、涉及人员众多、范围宽广以及接触频繁上；另一方面，它也呈现出了缺乏深度的特点。由于受到世俗观念的影响，交际的功利性有所增强，这在一定程度上影响了交际的深度。具体而言，深交（通常指的是知心朋友）的范围有所缩小，每个人或许能与儿时亲密无间、相知甚深的亲属、朋友和师长保持长期的联系，但与成百上千的人之间的交往则仅限于点头之交。这种现象导致“闹市中的孤独者”日益增多，人们在忙碌的社交活动中送往迎来，却逐渐感受到人与人之间缺乏真正的理解和深厚的友谊。

为了应对这一情况，专家们提出了“有限交往”的理论。该理论主张不求全方位的交往，而是专注于某一两个特定领域的交往，例如与棋友、牌友、茶友或球友等建立联系。我们可以在每个人身上只选取其一点进行接纳，并以此为基础，与其建立良好的人际关系。这样，众多呈射线状的“有限交往”便共同构成了我们全方位的交往网络。如果真能做到这一点，我们将会拥有众多的朋友。

**6. 层次提高**

随着物质和精神生活水平的不断提升，越来越多的人的社交需求开始由追求低层次的满足逐渐向高层次转化。他们不再仅仅满足于社交功能局限于生活中的相互帮助或简单的聚会饮酒、闲聊；相反地，他们希望通过人际交往获得更多的精神满足，期望在交际过程中能够进一步提升和充实自己，渴望得到他人的尊重，并希望有机会展现自己多方面的才能。因此，各类松散的文学、艺术、体育团体以及读书协会等群众组织明显增多，成为满足人们这种高层次社交需求的重要平台。

### （二）人际交往的基本原则

**1. 真诚守信原则**

真诚是指个体在为人处世时所展现出的真心实意，具体表现为襟怀坦荡、以诚相待、表里如一、言行一致，毫无虚伪之态。守信，则是真诚的具体体现，它要求个体既不自欺，也不欺人，做到言必信、行必果。真诚守信，是做人的根本，同时也是建立良好人际关系最基本的道德准则。在人际交往中，只有严格遵循这一准则，对人真诚正直、光明磊落，才能赢得他人的信任，进而建立良好的人际关系。

**2. 理解原则**

构建亲密且和谐的人际关系，其基石在于双方能否实现深入的了解与真挚的理解。这一过程不仅是人际关系萌芽的初始条件，更是推动关系向更深层次发展的稳固基石。当个体间彼此陌生，了解匮乏，或仅停留于表面认知，而未触及深层的理解时，亲密和谐的关系便难以生根发芽。事实上，那些经得起时间考验的深厚友谊，无一不是建立在双方深入理解的基础之上，历经时间的考验而逐渐形成的。随着社会生活的多元化发展，社会成员及各阶层间对于相互理解的渴望越发强烈。在人际交往的广阔舞台上，相互理解与信任所蕴含的价值，远远超越了金钱与物质所能衡量的范畴。为了真正洞悉他人的内心世界，我们必须掌握辩证、全面且历史的分析方法，以更加深邃的视角去审视对方。诚然，理解是构建和谐人际关系的思想支柱，但若缺少了相互间的关心与关怀，和谐便无从谈起。关心他人，本质上是一种无私的利他行为，它源自内心深处的信念和道德良知的指引。这种行为最能真实地反映一个人的内在道德风貌与境界。我们每个人都渴望得到他人的关注与关心，同时也应当时刻铭记，他人同样拥有这样的需求。作为有志向、有追求的大学生，我们没有任何理由将自己封闭在狭小的自我空间内；相反地，我们应当积极投身于关心他人、帮助他人的实践中，以此作为寻求人生快乐与价值的重要途径。在这样的过程中，我们不仅能够促进人际关系的和谐与亲密，更能在关爱与奉献中实现自我价值的升华。

#### 3. 尊重原则

既要尊重他人，也要尊重自己。尊重的需求是人类的基本需求之一。尊重他人包括承认他人的地位、维护他人的利益、敬慕他人的人格、接受他人的情感、体谅他人的处境等多个方面。尽管人的能力有大小之分，贡献也不可能完全相同，但在人格上，每个人都是平等的。如果自恃在智力、能力或其他条件上的优势而轻视他人，结果必然会损害他人的自尊心，从而被他人疏远。因此，人际交往离不开相互尊重。尊重他人的兴趣爱好，尊重他人的人格尊严，能够大大增强人际关系的稳定性。在人际交往中，要想得到他人的尊重，自己首先要尊重自己。在任何场合，都应该注意言行得体、保持谦虚、自尊自爱。与别人相处时，固然需要迁就他人，持比较随和的态度，但不能无原则地迁就。在一些重大问题上，必须坚持原则。一味地迁就并不会得到别人的尊重，自然也无从与人建立良好的关系。因此，自尊自爱，保持自身人格的完整性，是建立良好人际关系的重要条件，也是个人品德修养的重要方面。

### （三）人际交往的规范和艺术

#### 1. 交往中的语言规范

人际交往需借助一定的工具手段，而语言则是人们交往中最重要的工具。它如同沟通人际关系的桥梁，人们主要依赖语言来交流思想和情感。因此，讲究语言规范，是构建良好人际关系的重要内容。为此，必须在交往中明确并遵循必要的语言规范。

首先，要学会使用文雅的语言。在日常生活中，即使表达的是同一个意思，使用的语言却往往有美丑之分，这种差别会在人们心理上形成不同的感受。文雅的语言，听起来亲切、愉快。一句真诚的“您好”“对不起”“谢谢”，寥寥几字，便能沟通双方心灵。相反地，如果在交往中语言粗俗、出言不逊，就会使人反感，形成交往障碍。

其次，语言要简洁明了，用词准确恰当。在交往中，应尽量避免语言啰唆和不必要的重复，这样才能使对方清楚地了解你所要表达的思想和情感。同时，在语言表达上，还要做到用语准确、恰当，以免引起误解。

最后，使用的语言要适合交往对象的情况。交往是双方的沟通，而不是单方的活动。因此，在使用语言时，要注意接收者的情况，如职业、文化背景、兴趣等，让对方容易理解和接受，这样才能真正起到交流思想和情感的目的。一般来说，交谈时声音不能过大也不宜过小，语气要与语义相适应。如果处理得当，不仅可以弥补语言表达的疏漏，而且可以大大提高交往的效果。

**2. 交往中的行为规范**

交往是人与人之间通过特定的接触方式，实现信息交流和行为互动的过程。因此，交往双方的行为也是影响交往效果的重要因素。

交往的行为规范涉及多个方面，具体而言，包括以下几个方面。

第一，保持适当的人际空间距离。人们对于自己周围的空间并不是任意开放的，而是存在着一种“空间范围”。在与他人交往时，人们总是希望对方能与自己保持一定的距离。由于交往对象的不同，人们对相互间距离的要求也会有所差异。因此，在交往过程中，切不可不分对象、随便冒冒失失地接近他人，否则可能会被对方视为缺乏教养而产生不满。

第二，采用合适的身体姿态。人们的身体姿态是一种无声的交际语言。一般来说，在交往时应做到站有站相、坐有坐相，避免懒散歪斜的不良姿态。特别需要注意的是，在别人讲话时，切忌跷二郎腿、双手抱胸、左顾右盼或眼睛向上看，否则会给对方留下极坏的印象。总之，在交往时应根据交往对象的不同，采取适当的身体姿态，以形成融洽的交往情境和气氛。

第三，合理运用礼节性行为。在日常交往中，人们见面时通常会首先相互致意，并作出某种礼节性行为。由于世界各民族长期以来形成的风俗习惯不同，礼节性行为也呈现出丰富多彩的形态。如点头、拱手、握手、鞠躬、拥抱、亲吻等。这些礼节性行为有助于融洽人际关系，使人产生一种亲近感。然而，必须使用得合理得当，才能达到良好的效果，否则将适得其反。

**3. 仪表**

在初次见面时，两个素未谋面的人之间，最能吸引彼此注意的无疑是仪表。一个人的仪表是否具有魅力，对于他人在初次接触时形成的印象具有重要影响。仪表通常涵盖了容貌、装束、姿态、风度等多个方面。一般而言，容貌秀丽且端庄的人相较于面貌丑陋的人，更容易赢得他人的好感；而穿戴整洁、风度翩翩的人相较于不修边幅、衣着邋遢的人，则更显得有教养。因此，在人际交往过程中，应重视仪表的妆饰，以此博得对方良好的第一印象，为后续交往奠定坚实的基础。但需注意，妆饰具有很强的艺术性，在仪表妆饰时，首先要确保符合自己的年龄、身份，同时还要根据交往对象的不同而有所调整。

此外，在人际交往中，微笑的巧妙运用、心境的恰当把握以及交往渠道的灵活变通，都有助于交往的顺利进行或交往程度的加深。

要创建良好的人际关系，除了遵循上述行为准则外，还需要借助社会学、心理学、公共关系学、美学、行为学等人文科学的知识，对具体的人际关系和社会交往进行深入的分析和研究，从而提升交往能力和效果。

## 四、具备基本的管理能力

管理是人类众多活动中最为关键的活动之一。在我们的社会中，存在着一些目标，这些目标超出了个人能力的范畴，仅凭个人力量无法实现，而必须依赖于集体的力量。此时，管理工作便成为协调个体努力、实现共同目标不可或缺的因素。因此，组织管理能力构成了个体适应未来社会所需综合素质的重要组成部分。

### （一）管理的性质与目的

管理涉及设计和维持一种良好的环境，以确保人们在团队中能够高效地实现既定目标。若深入解读这一定义，主要包含以下几个层面的含义。

（1）在实施管理的过程中，每个人都需履行管理的五种基本职能，即计划、组织、人事、领导和控制。

（2）管理普遍适用于任何级别的组织。现代管理思想强调，管理是所有组织的基石，它不仅适用于各种规模和性质的组织，包括营利性和非营利性的企事业单位以及服务行业，而且管理的科学性与艺术性还直接关乎组织的生存与发展。

（3）管理同样适用于各级组织中的每一位工作人员。换言之，每个人都是管理的被动接受者，同时也是管理的主要策划者。一个组织的优势在于能够充分调动每位员工的管理积极性，从而实现资源的优化组合。

（4）对于企业实体而言，管理活动的首要目标表面上看似直接且单一，即追求利润最大化。然而，深入剖析后不难发现，利润仅作为衡量管理成效的一种显性指标而存在。从更为宽泛与深远的视角审视，无论是营利性企业还是非营利性组织，其管理实践的根本宗旨应聚焦于创造盈余价值——这不仅是一个经济术语，更是一种理念，旨在构建一个高效运作的环境。在此环境中，所有参与者能够以最优化的时间成本、资金投入、原材料消耗及个人努力，协调一致地达成集体设定的目标。换言之，管理的核心在于促进资源的最大化利用，确保在既定条件下，能够尽可能地实现既定的预期成果，从而推动组织持续稳健地发展。

（5）作为一门科学和艺术，管理直接关系到组织的效益（包括经济效益和社会效益）以及工作效率。

### （二）管理的职能（要素）

亨利·法约尔，这位现代管理理论的法国奠基者，在其著作《工业管理与一般管理》中，明确将管理的要素归纳为五种核心职能：计划、组织、指挥、协调（或领导）和控制。

#### 1. 计划

计划涉及选择任务、设定目标，并规划实现这些目标的行动路径。它要求作出决策，即在多种方案中选择未来的行动方向。计划涵盖从宏大的总体目标规划到细微的每日行动计划。它如同桥梁，连接着现状与预期目标，不仅引入新事物，还包含行之有效的措施。计划能将愿景转化为现实，尽管它不能精确预测未来，但没有计划，工作往往陷入盲目或依赖偶然。

#### 2. 组织

在组织内部，人们为实现共同目标而协同工作，每个人都扮演着特定的角色，正如演员在戏剧中的角色。这些角色可能是自我创造的、偶然承担的，也可能是为实现集体目标而特意指定的。角色意味着明确的工作目标和目的。只有当工作人员理解其任务如何构成集体工作的一部分时，他们才能被授予必要的权力、资源和信息以完成任务。组织工作的核心在于将任务分配给最适合的人员，确保人尽其才。组织结构旨在创造一个促进任务完成的环境，它是管理的手段而非目的。设计有效的组织结构须考虑人员能力和积极性，既要明确任务，也要选拔合适人才。

#### 3. 指挥

指挥在管理中起到承上启下的作用，具有高度的艺术性。指挥人员须熟悉管理流程，参与计划制订，并展现出镇定、灵活、果断的特质。指挥的作用在于优化资源配置（包括人力和物力），确保计划得到有序执行。

#### 4. 协调（或领导）

领导工作涉及对工作人员施加影响，激励他们为组织和集体目标作出贡献。这主要关乎管理中的群众关系。有效的领导须具备良好的作风和方法，与群众保持思想交流，因为人们往往愿意追随能满足其需求、愿望和要求的领导者。

#### 5. 控制

控制工作涉及衡量和纠正下属人员的活动，以确保事态发展符合计划要求。它根据目标和计划评估工作人员的表现，识别并解决偏差，确保计划实现。计划指导资源使用和目标达成，而控制则负责检查执行情况是否与计划一致。控制活动与绩效评估紧密相关，利用各种手段衡量计划执行进度；若偏差持续，则需采取措施进行纠正。

### （三）管理者必备的才能

有效管理的实施要求管理工作者具备从技术到设计等多方面的才能，这些才能的相对重要性会根据组织的不同层次而有所差异。

#### 1. 技术才能

大学生的知识结构应当既合理又全面，既要具备广博扎实的文化基础知识，又要拥有精湛深厚的专业知识。同时，他们还需要掌握必要的辅助知识，并学会一些日常应用技术知识。现代化的管理要求管理者既是通才，也是专才。

#### 2. 与人合作的才能

社会发展的两个根本动力是合作与竞争。因此，随着现代科学技术的迅猛发展和学科的细分化与重新综合化，每一位社会成员都需要具备与他人共同工作的才能，这是一种合作的力量。它创造一种宽松的环境，使人们感到安心，并可以自由表达意见。

#### 3. 概念才能

概念才能是指能够看到“大局”，识别某种情况下的关键要素，并理解各要素之间关系的能力。

#### 4. 设计才能

设计才能是指采取对组织有利的方法解决问题的能力。要成为一个较高层次的有效管理者，仅仅看出问题是不够的，还必须具备作为一个优秀设计工程师的能力，能够找到解决问题的办法。如果管理者仅能看到问题，而缺乏解决问题的能力，那么他就不是一个称职的管理者。管理者必须具有可贵的才能，能够根据他们面临的现实情况设计出一个可行的解决问题的方案。

### （四）管理者所必需的个人特点

有效的管理者除了应具备多样化的才能外，还应具备几种关键的个人特点。

#### 1. 强烈的管理愿望

杰出的管理者秉持着深厚的内在驱动力，他们不仅热衷于管理实践本身，更怀揣着影响他人、引领团队共同迈向成功的强烈抱负。诚然，众多人士对管理者职位所附带的特权，诸如崇高的社会地位及丰厚的薪酬回报，抱有浓厚的兴趣与向往。然而，这些表象的吸引力往往掩盖了一个更为核心的事实：管理的精髓在于激发并维系团队成员围绕共同愿景协同作战的高效环境，而其中蕴含的深层驱动力与使命感，正是许多管理者所欠缺的核心要素。要实现管理领域的卓越成就，绝非一蹴而就，它要求不懈的奋斗、时间的慷慨投入以及精力的全部倾注。

#### 2. 出色的交往才能与情感交流能力

管理者的另一个重要特点是具备通过书面报告、信件、谈话和讨论与人交往的能力。交往要求有明朗的态度，但更重要的是能够交流情感，具备理解他人情感的能力，并能应对交往中出现的意外情况。要做到在组织内部有效地交往，即与同一单位的人进行交流，同时还要擅长与组织外部的人交往。

**3. 正直与坦率**

管理者必须道德高尚、值得信赖。管理者的正直体现在钱财和与他人的交往中保持诚实，努力使领导了解自己的真实情况，坚持做到完全真实，坚信品质的力量，并确保自己的举止行为符合道德标准。

总之，具备较强的应用创造能力、表达能力、交往能力和管理能力是时代和社会对大学生素质提出的要求。大学生应在大学的学习和生活中通过各种途径和方法积极培养这些能力，努力把自己培养成适应性强、具有开拓创新精神的高素质人才，以便在未来社会的科技、经济竞争中立于不败之地。

# 第三章　人工智能赋能大学生素质教育的可能性与必要性

## 第一节　人工智能赋能大学生素质教育何以可能

### 一、人工智能的素质教育功能

素质教育作为一种深植于教育理念与实践模式之中的构架，其形态与发展轨迹深受特定历史时期生产力水平的根本性制约，并受到相应历史条件的深刻塑造。在当今这个日新月异的时代背景下，人工智能作为一项具有颠覆性的技术革新，正以前所未有的深度与广度，引领并推动着素质教育的创新与发展进程。若素质教育旨在与不断发展的生产力保持同步，那么在当前，积极接纳并融合人工智能这一前沿科技，已成为其不可或缺的基石与驱动力。人工智能的迅猛发展，为素质教育奠定了坚实的物质基础与技术架构。它不仅是素质教育演进历程中一个举足轻重的历史背景，更是触发其全面转型与升级的核心力量。人工智能对素质教育的影响，远远超越了单纯的技术革新层面，它深刻地重塑了素质教育的内在逻辑与基本矛盾，进而对其存在形态与发展路径产生了深远的影响。从双重属性的视角出发，人工智能在素质教育中的角色可以从两个维度进行深入剖析。首先，作为技术媒介，人工智能不仅承载着知识传授与技能培育的核心使命，更通过智能化手段，实现了学生、教师与教育资源之间的高效互联，构建了一个崭新的教育生态系统。其次，作为社会联结的纽带，人工智能在应对教育挑战、促进教育公平及凝聚社会共识方面展现出独特的价值，为素质教育的深化发展与广泛普及开辟了前所未有的新道路。

#### （一）承载与联结功能

从人工智能的技术特性进行深入剖析，其承载与联结的功能显得尤为显著。在此分析视角下，人工智能不仅扮演着主观思想具体“承载器”的角色，更在思想信息的传播机制上催生了革命性的变革，进而在构建和塑造社会主流意识形态的过程中起到了举足轻重的作用。人工智能极大地增强了教育者与学习者之间、个体与社会之间的紧密联系，充分展现了其在信息承载与联结方面的双重效能。

人工智能不仅蕴含了庞大的思想信息资源，更在信息的传播范式上引领了一场深刻的变革。作为人类思维活动物质化的体现，思想需依附于特定的媒介以实现其传递与显现。在当今时代，思想信息通过语言、文字、图像等多种载体进行多样化表达与传播。而人工智能，作为新一代信息技术的杰出代表，为思想信息的承载与传播赋予了新的活力。它具备将抽象的思想信息转换为可参数化、可计算化的能力，利用先进的媒介技术实现信息的存储、处理与传播，进而以数据与算法作为传递媒介，全面展现了其在思想信息承载与传播方面的强大功能。人工智能所依赖的大数据与算法，已成为我们构建和理解世界的核心工具，它们共同构成了一个强大的符号系统，能够全方位描绘世界的多元面貌与复杂结构，同时蕴含着丰富的信息与价值内涵。借助人工智能，人们能够更迅速地获取并整合海量的思想信息，从而更深入地认识和理解世界。此外，人工智能还展现出独特的时间与空间特性，其技术发展方向深受社会制度的影响，并与社会文化、心理结构紧密相连。因此，人工智能不仅为社会思想文化的演进提供了强大的技术支持，还为其构建了一个具有内在价值导向的技术体系，进一步加速了社会思想文化的发展与变革进程。在资源整合方面，人工智能凭借其卓越的算法优势，能够将深奥的理论知识转化为学习者易于理解的语言形式，并将文字内容数字化，从而极大地促进了思想信息的有效传播与普及。随着人工智能的持续进步，世界正逐渐从传统的社会空间与物理空间向包含社会空间、信息空间与物理空间的三维空间转变。信息空间的兴起为大学生的素质教育创造了全新的环境与平台。人工智能以数据与算法的形式存在，这些资源具有非消耗性的特点，使得素质教育资源可以实现无时不在、无处不在的广泛共享。因此，人们拥有了更多获取信息的渠道与方式。基于人工智能平台，我们可以轻松实现高校间、区域间素质教育资源的整合与共享，推动优秀师资力量、优质课程内容与典型案例的共建共享，从而打破地域与学校的界限，实现教育资源的优化配置。人工智能不仅拓宽了课程资源的获取途径，还促进了优质教育资源的共享与利用，为混合式教学模式提供了有力支撑。它赋予了学习者更多的选择权与自主权，并为素质教育课程创造了虚实结合的实践场景，提升了教学的互动性与趣味性。此外，人工智能还改变了知识信息的生产与传播方式，有助于将素质教育者从繁重的重复性劳动中解放出来，显著提高了工作效率与教学质量。

人工智能在促进社会主流意识形态与个体意识精准对接的过程中扮演着至关重要的角色。个体思想政治素质的形成，其精髓在于内化与外化两个核心环节：内化，指的是个体积极主动地接纳并整合社会主流意识形态，将其转化为推动个人成长与发展的内在动力。在社会实践的广阔天地里，个体会接触到海量的思想性信息，但仅有那些经过接触、感知、解析及筛选的信息，才能真正被个体吸收并实现内化。人工智能，作为人类认知能力的有力延伸，极大地提升了个体处理这些信息时的效率与效果，使思想信息的传播路径变得更为多样且高效。为了确保社会主流意识形态能够有效地触及并影响个体，它必须渗透到个体日常接触的信息流中，通过个体的感知与认知系统，转化为个体的思维内容。再经过深入的分析与选择，这些信息最终内化为个体的思想政治素质。人工智能的技术优势在于其高度的精确性与高效性，能够准确捕捉个体的兴趣点与关注点，并科学遵循信息传播规律，进而实施精准的信息推送与引导策略。依托其强大的计算能力与数据处理技术，人工智能不仅能够实现跨区域、跨主体的多元数据分析，还能与历史数据相结合，纵向追溯思想演变的轨迹，为素质教育提供坚实的科学支撑。这显著提升了思想信息的采集、筛选、分析、评估及预测能力。鉴于受教育者在家庭背景、兴趣爱好、成长经历及知识水平等方面的显著差异，素质教育需要对受教育者的具体情况进行全面而深入的理解。人工智能的智能算法为教育工作者提供了强大的数据分析工具，使他们能够深入剖析大学生的特征，从而制定出更为精细且个性化的教育方案。当人工智能携带着大数据、算法与计算能力的优势融入素质教育体系时，它将积累起海量的数据资源。通过深度学习的持续迭代，这些模型能够不断揭示教育的内在规律，为优化大学生素质教育工作提供有力支持。同时，人工智能通过与外部环境的频繁交互与反馈，不断优化其对知识的理解与处理能力，逐步逼近人类智能的水平，以更好地满足精准素质教育的需求。例如，ChatGPT 等先进的语言模型，凭借其强大的语言逻辑与文本生成能力，能够与大学生进行即时的互动交流。在数据充足的前提下，它们能够精确回应大学生提出的各类问题，为素质教育的个性化与智能化发展开辟了新的道路。

人工智能在推动多元化教育主体间联结方面扮演了至关重要的催化角色。海德格尔曾深刻指出，技术的每一次进步都重新定义了人与自然、人与人之间的关系框架。遵循这一哲学洞见，我们不难认识到，人工智能正对大学生素质教育的整体架构进行深刻的重塑与革新。一方面，人工智能对素质教育的外部架构产生了深远的影响。凭借其出色的数据处理与整合能力，人工智能能够轻松汇聚并融合来自社会各界的多元化教育资源，为学习者量身定制更加个性化、精准化的教育方案。这一变革不仅极大地扩展了素质教育的内容与形式边界，还显著提升了教育的针对性与实效性，使教育更加贴近学习者的实际需求，实现了教育内容与形式的双重优化。另一方面，人工智能也在潜移默化地改变着素质教育的内部构造。它打破了传统以教育者为核心的教育模式，推动了一种以学习者为中心、注重协同合作的新型教育模式的形成。在这一新型模式下，学习者不再仅仅是知识的被动接受者，而是积极参与教育过程的主体，他们的需求与兴趣得到了前所未有的重视与满足。这种内外部结构的双重变革，共同塑造了一个共建共享、协同发展的新型教育生态，为素质教育的持续发展注入了新的活力。在这个新型教育生态系统中，人工智能以其强大的数据信息处理与算法分析能力，实现了素质教育多元主体间信息的智能共享与高效流通。这不仅极大地促进了教育主体与社会各界的紧密联系与互动，还为素质教育的持续发展提供了坚实的支撑。素质教育作为一个动态发展的系统，要求教育者、学习者与教育环境之间形成有机的联结与有效的互动。而立德树人更是一项需要全社会共同参与、协同推进的系统工程。在人工智能的强有力支持下，高校、社会、家庭、企业等社会各界被紧密地联结在一起，共同构建了一个开放、包容、充满活力的素质教育生态系统。这一生态系统的形成，不仅为素质教育的持续发展提供了坚实的支撑，还为培养德、智、体、美、劳全面发展的社会主义建设者和接班人奠定了坚实的基础，展现了人工智能在推动教育现代化进程中的巨大潜力与价值。

在人工智能的强力驱动下，素质教育不仅获得了在海量信息中迅速筛选并萃取有价值知识的能力，更具备了探测并阐明那些超越人类感知阈值的深层联系，以及精确追踪复杂情境下行为模式的卓越能力。通过对全量数据的深度挖掘与分析，人工智能得以揭示那些潜藏于表面现象之下的关键要素与影响机制，为素质教育引入了全新的观察维度与深刻的理解力。一方面，人工智能的融合显著加速了素质教育的精准化转型。它不仅催生了“精准素质教育”“智能素质教育”“数字素质教育”等一系列创新的教育模式，还凭借其先进的技术优势，对素质教育的复杂活动进行了深度剖析与精细化解构。在精准捕捉教育对象思想变化与生存状态的基础上，人工智能有力推动了素质教育的数字化升级，促进了教育内容的深度内化与高效吸收，实现了教育成效的最优化。另一方面，人工智能的嵌入也极大地促进了素质教育空间的无缝对接与无限延伸。它能够灵活地整合日常生活中的碎片化教育资源，将政府、社会、学校等各方教育力量紧密联结起来，构建了一个协同高效的教育生态系统。同时，在虚拟空间领域，人工智能更是拓展了教育的广度与深度，颠覆了传统素质教育的组织模式，实现了从线下实体组织向线上虚拟组织的华丽转变。这一转变不仅使素质教育得以突破时空、地域、信息、组织等多重界限，还促进了多元主体的协同创新与共同发展，共同塑造了一个虚实结合、多元共生的全新教育环境，为素质教育的未来发展开辟了更为广阔的天地。

**（二）疏导和凝聚功能**

从社会属性的深层次视角进行细致分析，疏导与凝聚的功能显得至关重要。人工智能在这一维度上，通过显著加强个体与社会之间的紧密联系，展现出了卓越的政治疏通、引导以及凝聚力量。其不仅有效地促进了信息的流通与共识的形成，还极大地提升了社会整体的协同效率与凝聚力，彰显了人工智能在社会属性维度上的重要价值与影响。

人工智能凭借其出色的技术能力，承担起了加强群众联系与促进政治沟通的重要职责。在人类社会错综复杂的结构中，信息的自由流动与高效协调是减轻社会矛盾、维护社会和谐稳定的根本基石。作为新一代信息技术的杰出代表，人工智能在构建社会信息网络方面发挥着核心作用，尤其在素质教育领域内表现突出。它突破了时空的局限，实现了信息的即时共享与多元主体的无缝互动，智能地捕捉并响应民众需求，充分展现了其在政治疏导方面的独特优势。正如马克思所深刻揭示的，真正的力量源于与人民的紧密联系以及对人民情感与需求的深刻理解与共鸣。人工智能已深度渗透人民群众的日常生活，全面收集、精细筛选、深入分析并精准提炼人民群众的多维度信息与数据。借助大数据分析、人脸识别、算法优化、语音及触控交互等前沿科技，人工智能为个性化的思想引导提供了强大支持，实现了群众理论教育工作的精准高效开展。以人工智能技术为核心构建的数字政务平台，在党和人民群众之间架起了一座全新的沟通桥梁。该平台在智能分析民意、精准推送信息以促进民主交流，以及智能介入社会公共议题以凝聚共识等方面，均展现出了不可或缺的重要作用。其智能化的连接机制与程序化的设置，确保了社情民意能够迅速准确地传达至党和政府，同时也使人民群众能够及时了解国家的大政方针。在推动全过程人民民主的发展进程中，人工智能无疑发挥着举足轻重的作用，为社会的和谐稳定与持续发展注入了新的动力。它不仅提升了政治沟通的效率与质量，还为构建更加紧密、互动、和谐的党群关系提供了有力支撑。

人工智能在推动社会主流意识形态传播的过程中，展现出了强大的政治引导效能，而媒介作为此过程中的核心引导者，其地位举足轻重。人工智能，作为新兴媒介技术的卓越典范，依托其无与伦比的算法优势，在海量数据的广泛收集基础上，运用先进的机器学习技术进行精细化筛选，从而构建起高效精确的数据库系统。该系统通过算法实时监控社会热点，精准把握时机策划相关议题，并持续更新思想引导内容，因此在社会主流意识形态的传播中扮演了至关重要的政治导向角色。在人工智能深度渗透的社会环境中，信息与计算已无处不在，人们置身于一个人机交互的智能生态系统中。这个系统不仅实现了对事物的自动化认知与控制，更在一定程度上将人类自身纳入人工智能的算法认知与调控范畴。在此过程中，机器逐渐成为人类认识世界的重要工具，而算法认知则发展成人类认知的一种全新形态，极大地拓展了人类的认知边界。人工智能由大数据、算法和算力三大核心要素构成，其数据的全面性、算法的价值性以及算力的公共性，共同决定了人工智能在社会主流意识形态传播中的作用程度和深度。人工智能对人们社会生活的影响既广泛又深刻，它在提供信息推荐、辅助决策与思考的过程中，难免会融入一定的价值倾向，从而在潜移默化中发挥政治导向的作用。值得注意的是，在资本逻辑的主导下，人工智能往往追求“流量至上”，其背后传播的是“自由主义”的价值观念，这在一定程度上影响了社会主流意识形态的传播方向。然而，在人民逻辑的引领下，人工智能始终坚持“以人民为中心”的原则，其背后传播的是社会主义核心价值观，为社会主流意识形态的传播注入了积极正面的能量。这两种不同逻辑下的人工智能，在社会主流意识形态的传播中发挥着截然不同的作用，对社会的政治导向产生了深远的影响，值得我们深入思考和关注。

人工智能在政治凝聚力构建方面发挥着举足轻重的作用，它是人类智慧与辛勤努力的结晶，通过一系列精密设计与开发的智能化技术活动得以诞生。其背后交织着复杂的人机关系与人际网络，其中数据标准、算法逻辑等核心要素均深受人类主观意向的塑造，因此不可避免地承载着意识形态的特征，并与设计者和维护者的意识形态紧密相连，成为特定社会意识形态的重要传播媒介。掌握人工智能技术，即意味着在智能时代拥有了话语权这一核心资源。在社会主义国家中，人工智能由国家主导并推动发展，成为传递社会主义意识形态的关键工具。它肩负着培养能够肩负民族复兴大任的新时代人才的历史使命，通过技术的力量实现了对政治关系的深刻重塑与再生产。人工智能凭借其强大的技术能力，能够迅速捕捉人们的思想动态，基于深度学习掌握科学规律，并实时引导社会舆情的走向。通过精准的信息推送，它深刻影响着人们的思维方式，展现出显著的“聚智”优势。在政治共识的凝聚与社会团结的促进方面，人工智能发挥着至关重要的作用。它协同多元主体，紧密了生产活动中的经济联系，促进了社会的广泛交往与互动，推动了文化的交流与互鉴，为我们描绘出一幅智能互联的宏伟蓝图。人工智能不仅直接改变了人们之间的社会交往方式，更将人的交往推向了智能化发展的新阶段，呈现出各种交往结构共生、虚实融合的鲜明特征。在数据与算法层面，人工智能建立起了可通约的联系，加强了社会主体之间的心理联系与沟通。这有助于凝聚思想共识，从而极大地增强了素质教育的凝聚力和实效性。人工智能以其独特的技术优势，为政治凝聚力的构建提供了有力的支持，成为推动社会进步与发展的重要力量。

在素质教育的实践探索历程中，人工智能展现出了承载、联结、疏导及凝聚等多重功能，这些功能相互辩证统一，相辅相成，共同构建了一个坚实的整体框架。其中，承载与联结功能作为该框架的基石，为素质教育的智能化发展奠定了稳固的基础；而疏导与凝聚功能则如同指引方向的指南针，引领着素质教育不断向前发展。在人工智能的强大赋能下，其无与伦比的渗透力使得素质教育的主体、介体及环体均深度融入了人工智能的元素，实现了从传统模式到智能模式的华丽转变。这一内在要素的智能化蜕变，无疑将推动素质教育整体行动向更高层次的智能化升级迈进。人工智能以数据为核心，依托强大的算力支持，并凭借其卓越的强链接技术特性，展现出了精准性、集成性、协同性与融合性的四大显著特征。这些特征使人工智能能够精确地针对问题所在，有效地解决传统素质教育中存在的个性化缺失、精准性不足以及协同性薄弱等问题。更进一步地说，人工智能为素质教育开创了一个全新的生态环境。与传统环境相比，这个新环境带来了许多前所未有的新规律与新挑战，亟需我们进行深入的分析与研究。只有当我们深刻理解人工智能在素质教育中的多重功能，并充分把握其背后的运作机制时，我们才能更有效地推动人工智能在素质教育领域的广泛应用与深入发展。因此，正是人工智能所具备的素质教育功能，为其在素质教育领域的广泛应用与赋能提供了广阔的空间和无限的可能。

## 二、素质教育的人工智能要素

大数据、算法和算力是人工智能的关键要素，素质教育本身具有海量的数据，其实施过程中蕴含着各种相关关系，融入智慧教育具备智能化的算力条件，兼具大数据、算法和算力三大核心要素，这为人工智能赋能素质教育提供了可行条件。

素质教育的大数据。尽管人工智能在社会各领域的渗透程度存在差异，但其广泛的影响力已深入日常生活的方方面面。随着移动互联网技术的全面覆盖，教育对象在互联网空间中的各类活动均会留下数据痕迹，这些痕迹累积成庞大的“大数据”海洋。在智能时代的宏观背景下，数据已成为信息编码与存储的首要方式，它不仅能表征和记录个体的静态属性，还能精确捕捉其动态行为路径。在素质教育的实践探索过程中，当主体参与各类社会活动时，都会伴随数据的产生。无论是在网络搜索的广阔领域，还是在课堂教学的各个环节，如作业指导的精细入微、交流互动的热烈碰撞、评估反馈的精确及时，都会生成海量的数据信息。特别是在混合式教学模式的推动下，线上教学更是直接实现了数据的即时获取与高效存储。此外，校园生活的各个方面，如出勤记录的严格管理、购物行为的多样化选择、社团活动的丰富多彩、体育锻炼的活力展现，也都会产生大量的数据资源。这些数据资源具有多源性、异构性等特征，若能得到妥善保存和有效整合利用，将蕴含着巨大的信息价值。在这些数据中，隐藏着许多难以直接观察和发现的信息，它们能够揭示出素质教育过程中那些被掩盖的元素和常被忽视的环节。素质教育的主体、客体、介体以及环境，都在持续不断地产生着宝贵的数据。人工智能的介入，彻底改变了信息数据的获取方式，使我们摆脱了以往以部分代替整体的“抽样”局限性，实现了全面、即时的数据采集与互动。通过深入的数据挖掘与分析，人工智能能够准确把握教育对象的动态变化与内在规律，从而实现海量数据的价值最大化。然而，我们也必须清醒地认识到，这些数据若被其他国家用于意识形态渗透，可能会给我国的意识形态工作带来严重的挑战和负面影响。因此，素质教育者需要积极拥抱人工智能技术，主动参与大数据的处理与应用过程，充分发挥其积极价值，并时刻保持警惕，防范潜在的风险与挑战。

素质教育的算法。算法作为一种高效表征事物间相关性的工具，在素质教育领域的应用具有举足轻重的地位，它直接触及思想与行为内在联系的核心议题。思想与行为之间存在着错综复杂、千丝万缕的联系，通过对行为模式的精细追踪与趋势分析，我们可以洞察教育对象个体或群体思想动态的深层奥秘，并据此预测其未来的发展路径。在素质教育的实践探索中，各构成要素之间展现出了紧密的相互依存关系。这些要素只有在相互匹配、相互适应的基础上，才能协同作用于素质教育的效能提升。值得注意的是，这些要素间的关联并非简单的线性关系，而是蕴含着复杂多变的社会活动逻辑。其中，各个变量的相互作用呈现出非线性特征，背后隐藏着深奥的算法机制。传统的调查研究与统计方法，在面对海量数据时往往显得力不从心，难以进行复杂的计算处理。长期以来，受技术手段的限制，素质教育的实证研究大多停留在表面，未能深入探究各要素间的相互关系及作用机制。然而，大数据与人工智能技术的兴起，为揭示这种非线性关系提供了强大的技术支持。它们能够轻松应对海量、复杂的同源异构数据，通过精确的计算、建模、反馈、更新与分析，发掘其中的相关关系，有效弥补人工处理的不足。在素质教育的调查研究中，传统的人工方式在问卷样本的选取、数据规模与质量控制等方面都存在明显的局限性。而人工智能则凭借其在全面数据分析上的显著优势，能够实时监控教育对象的思想与行为变化，为素质教育提供更为精确的支持。此外，素质教育方法的选择、内容的匹配、过程的监控以及效果的评估等环节，都蕴含着丰富的算法关系。这些算法关系的发掘，需要依托大数据基础进行深度学习才能实现，从而为素质教育的实践提供更为科学的指导与依据。

素质教育的算力。素质教育作为教育体系中不可或缺的核心环节，已深度融入社会生活的多个层面，彰显出其无可替代的重要价值。随着全社会智能化水平的持续攀升及智慧校园建设的快步推进，素质教育在优越的硬件设施环境中迎来了前所未有的发展机遇期。在此背景下，素质教育的各个环节与构成要素所产生的信息均能被有效且高效地记录，而数据的存储、处理与共享也因而获得了强大的硬件支撑。“网络强国”与“数字中国”等国家战略目标的深入实施，无疑将进一步驱动社会整体智能水平的显著提升，为素质教育提供更加宽广且强劲的算力与智慧平台资源。同时，科技创新的不断加强为素质教育注入了新的活力，带来了更为丰富的算力资源和智慧化平台。诸如“数字经济”“网络强国”“数字中国”“智慧社会”等关键词，均昭示素质教育在未来将拥有更为完善且强大的算力与智慧平台作为支撑，为其持续发展奠定坚实基础。教育信息化，作为教育现代化的重要基石，其地位举足轻重。中共中央、国务院发布的《中国教育现代化 2035》规划，为我们勾勒出一幅教育信息化、智能化的宏伟蓝图。随着技术的不断进步和投入力度的持续加大，这一蓝图正逐步转化为现实，素质教育的硬件环境也随之不断升级，为我们提供更加充足的算力和智慧平台资源，为素质教育的深入发展提供有力保障。此外，国家对融媒体建设的高度重视已催生了一系列主流媒体平台的兴起，为素质教育的智慧化平台建设提供了有益的借鉴。当前，素质教育的智慧化平台建设已引起学术界、政府和教育机构的广泛关注，成为推动素质教育创新发展的重要驱动力。可以预见，随着素质教育智慧化产品的不断涌现，其算力条件将得到进一步提升，为人工智能在素质教育中的应用提供坚实的硬件基础，推动这一赋能过程顺利实现。智能教育机器人、虚拟仿真实验室、智慧教育平台等算力资源的不断丰富，将为素质教育的创新发展注入新的活力，推动其迈向更高层次的发展阶段。

人工智能作为引领科技革命与产业转型的核心驱动力，对于我国抓住历史性机遇具有举足轻重的战略价值。党中央已将其提升至国家战略层面，极大加速了人工智能的迅猛发展，为各领域的技术创新与赋能创造了前所未有的优越条件。ChatGPT 的惊艳亮相，更是标志着人工智能发展迈入了一个崭新的纪元。凭借其卓越的文本生成与交互能力，ChatGPT 为素质教育的生活化、普及化及个性化发展提供了强大的推动力。人工智能的实现，依赖于一系列关键要素的支撑：数据的易获取性、应用场景的封闭性与可控性、错误影响的可控范围、辅助人类处理重复性工作的效能，以及技术的成熟度与实用性。在素质教育的框架体系内，这些要素均得到了充分的满足与体现。具体而言，素质教育的数据获取相对便捷，其应用场景在一定程度上具备封闭性和可控性，即便出现错误，也能迅速采取补救措施，将影响控制在有限范围内。同时，人工智能能够高效地辅助素质教育工作者完成大量重复性任务，且相关技术已基本达到可实用化的成熟水平。鉴于素质教育已经具备了实现人工智能所需的三大核心要素，并基本满足了人工智能赋能的可实现条件，我们可以确信，人工智能在素质教育领域的应用是切实可行的。这一结论不仅为人工智能与素质教育的深度融合奠定了坚实的理论基础，还为未来素质教育的创新发展指明了清晰的方向。

## 第二节　人工智能赋能大学生素质教育何以必要

人工智能与大学生素质教育的深度融合，是对素质教育守正创新需求与人工智能可持续发展要求的双重响应，其核心在于促进人工智能技术与大学生素质教育各关键要素的深度融合，以推动大学生素质教育实现因时制宜、紧跟时代、顺应趋势的革新发展。人工智能并非孤立的技术实体，而是计算机技术、互联网技术、大数据技术等众多技术迭代演进与交叉融合的集大成者。这些技术既是对前沿技术的继承与发展，又为后续技术的进步奠定了坚实基础，并提出了新的技术挑战与要求。因此，在人工智能为大学生素质教育赋能的过程中，必然伴随着计算机、互联网、大数据、区块链、元宇宙等技术的协同作用，它们相互交织、共同发力，构建了一个复杂而多元的技术赋能生态系统。在智能时代的宏大背景下，社会伦理观念、主流意识形态的传播方式以及大学生的生活方式均发生了深刻的变革，这些变革为大学生素质教育提供了新的基石与挑战。面对这一前所未有的变革，大学生素质教育必须积极适应并主动应对。新时代赋予大学生素质教育的守正创新使命，也迫切要求借助人工智能的赋能作用来实现。通过人工智能技术的深度融入，大学生素质教育能够更准确地把握时代脉搏，创新教育模式与方法，培养出具有创新精神和实践能力的高素质人才，为社会的持续进步与发展注入新的活力与动力。

## 一、智能社会伦理风险要求素质教育积极应对

素质教育作为人才培养体系的核心组成部分，以人才培育为根本，深度融入并贯穿于人工智能技术、相关行业及广泛的社会环境之中，对人工智能的研发进展、实践应用以及伦理规范的构建产生着深远的影响，进而深刻地勾勒出人工智能的未来趋势与长远发展框架。人工智能技术的迅猛发展为人类的生产生活带来了前所未有的便利，不仅实现了工作模式与生活方式的根本转变，还强有力地推动了产业结构的优化与升级，促进了社会结构的深层次调整与重塑。然而，在享受人工智能技术带来的巨大利益的同时，我们也必须直面其带来的一系列复杂的伦理挑战。这些挑战包括责任归属的模糊性、社会不平等现象的加剧、个人隐私权保护的缺失以及道德主体地位的不确定性等多个方面。鉴于此，大学生素质教育应肩负起时代赋予的使命，积极应对这些挑战，致力于培养具有高度社会责任感与深厚伦理素养的复合型人才。通过这样的教育，我们可以为人工智能技术的健康、可持续发展提供坚实的人才基础与道德支撑，确保其在未来能够更好地服务于人类社会的进步与发展。

### （一）人工智能社会伦理风险

人工智能带来社会伦理风险归纳起来，主要体现在以下三个方面。

#### 1. 可控性

关于人工智能是否具备超越人类能力的问题以及一旦其实现此超越，特别是进入强人工智能、超人工智能乃至通用人工智能阶段时，人类可能面临的被潜在控制的重大风险，学术界已进行了广泛且深入的探讨。讨论的核心聚焦于强人工智能、超人工智能及通用人工智能的主体性赋予议题，即当人工智能被赋予主体性时，人类的主体性将如何维持，这已成为一个亟需深入探究的重大课题。人工智能的每次重大突破，往往伴随着社会的普遍恐慌。这种恐慌的根源在于，人类在面对人工智能时，必须遵

循其技术逻辑，从而感受到自身主体地位被动摇。在实际应用中，人类需严格遵守人工智能的运行逻辑、技术标准和规范流程，这导致人类在生产系统中的核心地位逐渐被人工智能所替代。当人工智能在特定能力上超越人类时，会引发人类的“自卑感”，并担忧其最终可能发展到无法控制的境地。例如，2022 年 11 月 ChatGPT 的发布，就在全球范围内引发了热烈的讨论和一定程度的恐慌。2023 年 4 月 1 日，意大利当局甚至暂时禁用了 ChatGPT，OpenAI 公司也随后在意大利下架了该产品。在此之前，包括图灵奖得主约书亚·本吉奥、特斯拉 CEO 马斯克、苹果联合创始人史蒂夫·沃兹尼亚克等在内的数千名专家学者和企业家，也联合呼吁暂停 ChatGPT 的训练，以防止其对人类造成潜在的危害。然而，需要明确的是，人工智能的规定性虽然对劳动者提出了具体的要求，但这种技术逻辑实际上是由人类所设计和掌控的。因此，人工智能的可控性问题并不在于技术本身，而在于其所处的社会条件。特别是当数字资本与人工智能相结合时，资本以追求超额利润和剩余价值为最终目标，有时会导致人工智能成为一种“异己的力量”，对经济、政治和社会产生深远的影响。在社会领域，数字资本借助人工智能推行新消费主义和新自由主义，营造出劳动、消费和文化自由的假象，从而掩盖了资本与劳动之间的对立关系。他们通过算法、流量等手段引导泛娱乐化的大众文化，虚化现实生活，解构人类的精神家园，使人类逐渐陷入虚无主义的深渊。在这种环境下，人类的批判思维和超越思维逐渐丧失，向着“单向度”的方向发展。同时，在数字资本的裹挟下，人工智能数字平台成为数字资本剥削的新领域，数字劳动成为一种新的劳动形式，而数字霸权则成为资本掠夺和积累的新手段，进一步加剧了贫富差距。总之，如果人工智能在资本逻辑的支配下“单向度”地发展到不可控制的程度，将给人类带来深重的灾难。因此，我们必须深入研究和探讨人工智能的主体性、可控性等问题，以确保其健康、可持续地发展。

**2. 合理性**

合理性问题是评估人工智能应用是否触及或超越社会接受阈值的核心，它深刻关联到用户隐私权益的保障、数据安全防线的稳固以及算法公平性的确保等多个核心维度。人工智能，作为人类智慧与能力的技术延伸，其应用实践往往受到开发者价值观与认知框架的深刻影响，从而蕴含特定的价值倾向与潜在偏见。构成人工智能基础的数据、算法与算力，其数据的组织结构、覆盖范围、算法的公正设计、安全执行，以及算力的所有权与分配机制，共同编织了一个决定人工智能价值取向的复杂网络。鉴于社会环境的多变性和个体心理与行为的多样性，人工智能在不同地域和社群间的应用呈现出显著的不均衡性。此外，由于人工智能技术本身的成熟度仍有待提升，一系列问题如“数据噪声”“算法偏差”“算法性歧视”“数据稀缺区域”“数字鸿沟”等应运而生，这对人工智能的公正性和客观性构成了严峻挑战。在人工智能的迅猛发展进程中，算力已跃升为一种关键的生产要素。一些大型平台企业凭借其市场优势地位，积累了海量的数据资源。然而，当前的数据管理体系与规范尚不完善，数据安全防护与隐私保护领域存在明显不足。算法在追求特定设计目标的过程中，可能会无意中侵犯用户隐私，危及数据安全，进而对社会的公平与正义原则构成威胁。因此，深入探究并解决这些问题，对于确保人工智能技术的健康发展以及最大化社会福祉具有至关重要的意义。

**3. 生存意义**

人工智能技术的广泛渗透，引发了一系列深刻的社会议题，其中尤为突出的是其逐步替代人类部分工作职能所可能催生的“无用阶级”现象，这一现象对人类潜能全面发展的潜在限制尤为引人关注。人工智能在无垠的数据海洋中自由遨游，使包括大学生在内的广大群体能够在数字世界中实现无缝对接，这一变革性趋势无疑增强了爱国主义教育与道德培育任务的复杂性和紧迫性。智能机械的广泛部署，虽然极大地推动了生产力的发展，为人类社会带来了前所未有的物质财富和自由时间的增加，但其普及也伴随着生存意义层面的深刻危机。随着个体逐渐从重复性、标准化及高强度劳动中解脱出来，他们可能会面临前所未有的适应性挑战，感受到自身对于社会发展的工具性价值急剧下降，从而陷入“价值缺失群体”的困境。人工智能的“算法”以其强大的影响力，在一定程度上对人类行为实施了监控与约束，导致生活模式趋于固定和僵化。即使物质生活充裕，这种生存状态也难以掩盖其内在的悲哀。算法的研发往往受到商业模式的驱动，如平台利益、流量追求等，沦为资本追求利润的工具，而忽视了更高层次的公共价值追求。在资本的强力推动下，人工智能技术在淘宝、京东、快手等网络平台上的广泛应用，虽然带来了便捷性，但也侵蚀了人们对幸福的正确理解。马尔库塞在其著作《单向度的人》中深刻指出，资本为了追逐利润，不断在人的真实需求之上构建“虚假需求”，从而激发过度的消费欲望。在这种刺激下，人们的消费不仅仅是对商品的物质占有，更是对商品所承载的象征性符号的追求，而这些符号往往是少数精英阶层的创造物。在资本逻辑的支配下，人们错误地将消费与占有的不断增长等同于幸福感的提升，将个人的幸福与创新性劳动割裂开来。这种由资本驱动的消费所带来的幸福感受是虚幻的，仅代表了少数人的幸福体验。消费主义的价值观与生活方式造成了劳动与幸福之间的深刻对立。人作为社会关系的总和，其本质是一种关系性的存在。

技术作为人类进化过程中的重要伙伴，为人类开拓了更广阔的可能性和自由空间。然而，技术的本质必须坚守善念和利他原则，否则极易产生不利的后果。人工智能领域伦理问题的出现，其根源并非技术本身，而是深深植根于技术背后的社会制度结构。因此，我们迫切需要深入剖析人工智能在社会主义与资本主义不同应用场景下的本质区别，并充分应对资本渗透所带来的人工智能风险与挑战。主体规范的缺失、角色定位的偏差、人类对实践意义认知的分歧与原则的模糊，以及伦理形态的变迁与重塑，这些因素共同构成了伦理风险的内在根源。显然，价值因素在伦理风险的生成过程中起着核心作用。而素质教育作为伦理治理的关键组成部分，对于塑造正确的价值导向、提升个体的伦理素养具有至关重要的意义。因此，加强素质教育，培养具备高尚伦理情操和责任感的人才，是有效应对人工智能时代伦理挑战的重要途径。通过提升个体的伦理素养和责任感，我们可以更好地应对人工智能带来的伦理风险，以确保技术的健康发展，并促进人类社会的可持续进步。

**（二）社会伦理风险需要大学生素质教育应对**

全球各国已从技术革新、伦理准则、行为规范及法律架构等多个关键方面，对数字社会所带来的伦理风险进行了全面且深入的规范与管理。在应对人工智能引发的社会伦理风险的过程中，一个由多元主体共同参与、协同合作的复杂体系逐渐形成。这一体系要求国际社会、国家政府、行业组织、企业及个人等各层面紧密协作，共同应对挑战。该规范体系不仅鼓励在伦理标准指导下的技术创新，还着重建立科学的伦理规范体系，并通过立法明确行为边界，以确保技术发展的健康性与可持续性。

在构建未来数字社会的道路上，监管机制、竞争性创新、社会责任承担、劳动者与消费者的自主选择以及教育引导等因素均发挥着不可或缺的作用，它们共同构成了防范未来数字风险的重要屏障。然而，面对这一复杂多变的挑战，单一手段难以独立应对，必须采取综合施策、协同合作的策略。值得注意的是，在各国所采取的众多措施中，教育被普遍视为一项具有广泛共识的策略。鉴于人工智能的科学特性及其对社会发展的深远影响，大学生群体被视为推动人工智能发展的新兴且关键力量。因此，针对大学生的素质教育显得尤为重要。这种素质教育能够深入学生内心，帮助他们树立科学的伦理观和技术观。这种具有综合性、深层次和理性特点的教育方式，不仅独具中国特色，还为我们提供了一种有效的社会伦理风险防范策略。通过加强大学生的素质教育，我们可以培养出具备高尚伦理情操、强烈社会责任感及创新精神的人才队伍。这些人才将为应对未来数字社会的伦理风险提供坚实的人才保障和智力支持，助力我们更好地应对这一时代的挑战。

首先，针对社会伦理风险的规制，强化大学生素质教育中的价值引领显得尤为关键，旨在培育具备正确价值观念的科技人才。在当前社会的新时代背景下，我们亟需以正确的价值取向为导向，突破人工智能仅作为工具理性的限制，并解构由资本逻辑所构筑的观念体系。具体而言，我们必须坚定不移地贯彻以人民为中心的发展理念，以确保技术始终服务于人民的根本利益，并将增进人民福祉与推动人的自由全面发展作为我们的核心价值取向。尽管人工智能在产业领域的应用正以惊人的速度发展，但由于思想观念的演变存在固有的滞后性，与智能社会相适应的道德、法律及安全等问题尚未得到有效解决，从而产生了“文化滞后”现象。因此，在充分发挥人工智能对生产力推动作用的同时，我们必须保持高度警觉，规范资本逻辑的潜在影响，防止人工智能被异化为剥削的工具。为此，国家应加大对人工智能核心技术的研发投入，增强国家对技术研发的掌控能力，以充分发挥人工智能在社会主义生产力中的积极作用。同时，我们还应着力加强人工智能人才队伍建设，特别是要注重素质教育，致力于培养出既具备高尚道德品质又拥有专业素养的“德才兼备”型人才。另外，我们应积极培育人类命运共同体的意识，并协同推进全球治理工作。随着人工智能的持续发展，数字全球化已成为不可阻挡的趋势，使世界成为一个紧密相连、共同繁荣的整体。因此，遵循全人类共同的价值观念，在共商、共建、共享的原则下构建人类命运共同体，符合全人类的根本利益。为此，国际社会应加强在人工智能治理方面的合作与交流，强化以全人类共同价值为引领的治理理念，共同防范安全与伦理风险，坚决反对数字垄断与数字霸权。通过这些努力，我们可以促进人工智能为人类带来福祉，并共享由人工智能所带来的文明成果，实现共同繁荣与发展。

其次，社会伦理风险的规制对大学生素质教育提出了新要求，即需致力于培育一种科学的思维模式，旨在引领大学生深入且科学地理解人工智能背景下社会伦理风险治理的深层逻辑。针对三类核心问题的预防，其根本均在于构建这样一种科学的思维模式。然而，在现实中，大学生对人工智能的认知尚未提升至社会治理的层面，其关注点仍较多地聚焦于人工智能特性的分析上。一般而言，大学生认识世界的方式可划分为感性、知性和理性三个认知层次。感性认识主要依赖于感官和直观经验；知性认识则是从专业领域出发，运用专业知识来解析世界；理性认识，作为感性和知性认识的基础，它更侧重于揭示世界的本质和规律，强调整体把握、逻辑推理、辩证思考，以及讲求理性和战略规划，为认知提供理论框架。因此，社会伦理风险的规制迫切需要大学生素质教育培养大学生从哲学的视角来审视世界，尤其是要培养他们运用马克思主义的立场、观点和方法来分析社会伦理问题，从而帮助他们全面且准确地理解人工智能。从马克思主义哲学的角度出发，推进社会伦理风险治理的关键在于将维护人类共同利益作为最高的伦理准则，并在此基础上明确人工智能发展的基本伦理原则。随后，在遵循这些基本原则的基础上，应制定与人工智能和伦理发展相关的制度，以促进伦理制度的完善和新型人机关系的构建。同时，还需加强对人工智能发展的价值规范和道德引导，不断提升应对科技快速发展所带来的伦理风险的能力和水平。而强化人工智能发展的价值规范和道德引导，正是大学生素质教育所承担的重要职责。

最后，社会伦理风险的规制为大学生素质教育提出了新的挑战，即必须着重加强人文素养的培育，以防止科技发展与人文精神之间的失衡。人工智能不仅站在技术创新的最前沿，还是推动社会空间向虚拟领域延伸的核心力量。在这个虚拟空间里，社会的各个组成部分，如空间配置、人口构成、交流模式、生产方式、生活方式、政治结构、经济活动、文化表现及生态环境等，都得到了全面且深入的体现。这种虚拟存在不仅构成了一种新的社会形态，还成为人类共享的文化与精神家园。随着人工智能技术的不断进步，虚拟世界与现实世界的界限变得越来越模糊，人工智能在其中扮演着连接两者的关键角色。尽管数据信息和智能连接并非客观事实的直接反映，但它们却具有塑造和改变现实世界的巨大能力。因此，在数据信息日益泛滥的当下，以人文精神和价值教育为核心的素质教育显得尤为重要。它有助于确保科技发展与人文精神之间保持恰当的平衡，防止我们陷入计算主义或数据主义的极端。这就要求大学生素质教育必须高度重视人文素养的培育，充分发掘和弘扬中华优秀传统文化的独特魅力与优势。通过积极培育中华民族共同体意识和人类命运共同体意识，我们可以推动科技向着更加善良、有益的方向发展。以价值理性来调和科技与人文之间的潜在矛盾，实现两者的和谐共存与相互促进，共同推动社会的进步与发展。

## 二、社会主流意识形态智能传播变化要求素质教育应对

步入智能时代，社会信息的生成、流通及接收机制均经历了根本性的变革，这一转型进一步带动了社会意识传播模式的深刻转变。人工智能，作为人类“对象化实践活动”的结晶，其诞生与发展始终受到人类意识活动的引领与塑造。自其问世以来，人工智能便被打上了意识形态的烙印，内嵌了设计者的价值取向与偏好，具备了引导人们进行价值抉择及意识形态判断的功能。人工智能与思想意识之间的联系，并非简单的“依附”或“嫁接”关系，而是一种更为复杂且深入的“耦合”或“熔合”状态。在智能时代的背景下，智能技术对社会主流意识形态的主体认知、信息创造、受众剖析以及传播路径产生了深远且不易察觉的影响。与其他技术形态相比较，智能技术的影响范围更为广泛，触及的领域更为多元，影响的深度更为显著，且其运作效率也更为高效。

智能时代的到来对社会主流意识形态的传播方式提出了全新的挑战，这要求素质教育必须采取积极的应对策略。人工智能，以其算法推荐为核心机制，能够精确捕捉每位大学生的个性化特征，借助强大的数据与算法能力，驱动意识形态的高效传播。这一变革不仅极大地丰富了传播的载体形式，还拓展了传播的时空维度，实现了社会主流意识形态的精准触达。随着人工智能技术的不断进步，网络传媒的互动模式已从单一的“键对键”交互，发展成为“键对键”“点对点”“面对面”等多种模式并存的新生态，现实与虚拟世界的界限在这一过程中被巧妙地融合。

人工智能的广泛应用与深入发展，对社会主流意识形态的形成、传播及接受产生

了深远的影响。具体而言，这种影响体现在以下几个关键方面。

（1）智能时代社会主流意识形态的承载方式发生了根本性的转变。在智能时代，意识形态展现出了政治与技术深度交融、意识与万物广泛互联、真实与虚假相互渗透、人类与机器相互塑造的复杂图景。尽管人工智能技术在与资本主义的结合中，有可能成为一种支配和改变人的现实力量，通过“生活方式的智能化”和“集体认知的合理化”来巩固“现存秩序”，并为数字资本主义提供理论支撑，但我们必须清醒地认识到，人工智能技术本身并非问题的根源。只有将其置于不同的社会制度背景下进行辩证分析，才能深刻揭示意识形态背后的技术发展问题。在社会主义制度下，人工智能应秉持以人民为中心的理念，承载并传播社会主义核心价值观，以促进人的全面自由发展。

（2）智能时代社会主流意识形态的传播时空和媒介载体发生了显著的变化。在智能时代，每个人都具备了信息生产者和传播者的双重身份。基于数据挖掘和分析技术，人工智能极大地拓宽了信息的来源渠道。传感器能够突破时间和空间的限制，实时采集并传输信息，从而极大地拓展了人们的认知范围。通过智能算法和深度学习技术，人工智能将人类的思想、情感和意志等意识形态元素转化为可量化、可计算、可识别、可操控的数据和算法模型。这些数据和算法在客观物质世界和虚拟数字世界之间以“孪生”的形式存在并相互交互，为社会主流意识形态的传播提供了新的媒介载体。

（3）智能时代社会主流意识形态的接受方式也经历了深刻的变革。人工智能为人们提供了更加便捷、智能、动态、泛在、全面、立体、多维、理性和个性化的知识信息获取途径。长期以来，这种变化使人们的思维方式更加依赖于信息，更加注重理性分析和自我推演的过程。随着意识形态传播场域和传播方式的不断变化，传统单一、分散的素质教育治理模式已无法适应新形势的发展需求。

面对智能时代社会主流意识形态在承载方式、传播时空、媒体载体和接受方式上的全面变化，大学生素质教育必须积极应对并寻求创新。这需要充分发挥人工智能在动态监测、数据分析和精准治理方面的优势，并主动适应意识形态传播带来的新挑战和新机遇。

同时，人工智能也为提升意识形态治理能力提供了新的契机。在人工智能的赋能下，意识形态的发生场域和传播方式均发生了深刻变化，传播方式更加隐蔽和复杂。传统的意识形态治理模式已难以适应新的发展要求。面对日益复杂的意识形态斗争形势，我们迫切需要新的动力来提升意识形态的治理能力。人工智能在数据分析、动态监测和精准治理方面都展现出了显著优势。因此，素质教育者应充分利用人工智能技术，建立网络意识形态智能系统，对网络上的非主流意识形态进行归纳分析，并掌握不同意识形态的内容特征和大学生的关注点，从而对网络意识形态进行有效的识别、分析与处理。智能时代网络意识形态斗争面临的新形势要求大学生素质教育积极应对，并充分发挥人工智能的技术优势，在网络意识形态斗争中牢牢掌握主动权。

## 三、新时代大学生素质教育守正创新内在要求

在新时代的宏伟蓝图下，守正创新作为引领发展的核心旋律，为大学生素质教育的航向提供了明确的指引。置身于这一崭新的时代背景下，对大学生素质教育的守正创新进行深入理解和精准定位，显得尤为关键。这要求我们深刻洞察时代方位，紧密围绕实际问题驱动，进行细致入微的把握与分析，同时，还需善于借助外部牵引力量，以高效推动素质教育的革新与发展。人工智能技术的蓬勃兴起，为大学生素质教育注入了新的活力，其赋能作用不仅与新时代素质教育守正创新的政策导向高度契合，更在深层次上满足了教育精准性、协同性和适应性进一步提升的内在需求。人工智能通过智能化手段，实现了教育资源的优化配置与个性化服务的精准提供，从而极大地增强了教育的针对性和实效性。同时，面对新时代意识形态工作所面临的复杂多变形势，人工智能的融入也顺应了外在驱动的迫切要求。它以其强大的数据处理与分析能力，为识别、应对和化解意识形态领域的风险与挑战提供了有力支撑。在人工智能的辅助下，大学生素质教育能够更加敏锐地捕捉时代脉搏，更加精准地把握学生需求，进而在守正创新中不断迈上新的台阶。

在新时代的历史背景下，面对新的使命、挑战和任务，大学生素质教育也迎来了新的历史方位。在这一时代背景下，素质教育呈现出教育主体协同化、教育内容精准化、教育方法适宜化以及教育话语生活化的显著特征。作为一项复杂的系统活动，大学生素质教育不仅需要内部各因素的相互作用和协调，还需要与外部环境进行持续的物质、能量和信息的交换。其中，外部技术的快速发展已成为推动素质教育创新的重要动力，为素质教育的改革与发展提供了有力的技术支持。人工智能作为先进技术的杰出代表，为教育主体的协同合作和教育方法的选择提供了强大的技术支撑。其深度融入素质教育不仅是时代发展的必然要求，也是推动教育现代化的重要举措。在大学生素质教育领域，面对地区之间、群体之间的不平衡、不充分发展问题，迫切需要借助人工智能技术的优势，推动教育资源的共享与优化，进一步增强教育的针对性和有效性。通过精准匹配教育内容，满足大学生多层次、多样化和差异化的学习需求，实现素质教育的公平与高质量发展。同时，随着“数字经济”“网络强国”“数字中国”“智慧社会”“数字文明”等新时代的到来，对大学生素质教育提出了更高的要求。为了适应智能时代的发展，迫切需要推进人工智能与素质教育的深度融合，培养具有创新精神和实践能力的新时代大学生。这不仅有助于提升大学生的综合素质和竞争力，还将为国家的繁荣富强和民族的伟大复兴贡献智慧和力量。

传统素质教育模式，在工业社会的背景下展现出了高度的适应性，但同时也暴露

出规模化、同质化以及流程化等显著问题。在当今这个强调个性彰显的智能社会里，大学生素质教育的守正创新面临着新的挑战，亟需在其精准性、协同性和适应性方面进行深度强化。首先，关于大学生素质教育的精准性提升，这是一个亟待解决的关键问题。素质教育不仅应着眼于社会主流意识形态的塑造，更应重视人的全面发展。然而，传统的大学生素质教育模式往往偏重意识形态的传播，却忽视了学生个性化的教育需求。幸运的是，人工智能技术的兴起为个性化教育提供了强大的技术支持。为了实现素质教育的高质量发展，我们必须全面考虑教育对象的全面性、层次性、差异性和动态性，从而精准地实施素质教育活动。同时，素质教育还需探索并建立一种适应信息条件变化和人自主意识增强的新型运作模式。其次，加强大学生素质教育协同性也是不容忽视的。素质教育是一个需要多元主体协同合作的复杂活动。随着社会分工的日益细化，多元主体之间的协同性已成为影响素质教育有效性的关键因素。为了提升大学生素质教育的整体效能，我们必须着力增强各教育主体之间的协同合作。再次，大学生素质教育的适应性提升也是当务之急。进入信息社会以来，素质教育的内部形态和外部环境都发生了深刻的变革。需要解决的思想问题和实际问题也变得更加复杂多变，传统的素质教育模式面临着诸多挑战。当前，“00 后”的学生群体已成为素质教育的主体，他们作为“Z 世代”的代表，成长于互联网时代，由于信息获取渠道广泛多样，他们的生活习惯和信息获取方式也发生了显著变化。他们熟悉并依赖智能生活，而传统的素质教育方式、话语范式、思路和举措等已难以适应这些教育对象的需求和发展要求。因此，迫切需要进行“供给侧结构性改革”，以增强素质教育对环境的适应性。最后，人工智能对大学生素质教育的影响需要进行系统而深入的阐释。人工智能正在引发社会各领域的深刻变革，它是一把“双刃剑”。一方面，人工智能为大学生带来了诸多便利；另一方面，它也可能导致大学生思维浅表化、自我反思能力弱化，并引发智能手机成瘾、信息茧房、圈层分化、刻板效应等一系列问题。这些问题必须引起高度重视，并迫切需要大学生素质教育积极应对。素质教育作为塑造“灵魂”的活动，决定了人工智能的运用必须把握合理的限度，以促进人的全面发展为目标，而不能成为阻碍人全面发展的“绊脚石”。因此，迫切需要进行专项研究以明确边界，防止人工智能运用带来的技术异化问题。

探讨人工智能在大学生素质教育中的应用潜能与必要性，是开展相关赋能实践探索的逻辑起点。从根本上讲，人工智能作为人类“对象性活动”的结晶，集技术性与社会性双重特征于一身，人工智能的飞速发展为大学生素质教育的赋能提供了前所未有的机遇。具体而言，人工智能凭借其承载信息、联结资源、疏导过程、凝聚力量等多重功能，在素质教育领域展现出了巨大的赋能潜力。同时，素质教育本身也内嵌了大数据、算法、算力这三大人工智能的核心组成要素，为人工智能的赋能提供了坚实的基础支撑。因此，我们有理由确信，人工智能在素质教育中的赋能实践是完全具有可行性的。为了适应这一新的发展态势，大学生素质教育必须积极寻求人工智能的赋能，以提升教育的精准度与实效性。这不仅是对大学生素质教育自身发展的必然要求，更是顺应智能时代发展趋势的必然选择。

# 第四章　人工智能时代大学生素质教育的成效与困境

人工智能技术在教育领域的应用逐渐兴起并不断走向成熟，最终催生了智能教学系统的诞生。这一系统在大学生素质教育中亦找到了用武之地，与之紧密结合，为教育模式的创新注入了强大的动力。人工智能不仅大幅推动了大学生素质教育的革新与发展，更在多个层面展现了其深远影响力。具体而言，人工智能技术的引入，极大地拓展了大学生素质教育的空间维度。传统的教育模式受限于物理空间和时间，而人工智能则能打破这些界限，为学生提供更为广阔的学习平台和资源。此外，人工智能还助力实现了教育资源的精准配置。通过数据分析和智能推荐，教育机构和教师能够更准确地把握学生的需求，从而进行个性化的教学安排，以确保每位学生都能获得最适合自己的教育资源。借助智能化的管理系统，教育机构能够更高效地追踪学生的学习进度，评估教学效果，并及时调整教学策略，从而确保教育质量的持续提升。然而，在肯定人工智能为大学生素质教育带来诸多益处的同时，我们也不应忽视其所带来的挑战和困境。最明显的是，人工智能的介入使得大学生素质教育的主体和客体关系发生了变化。在传统的教育模式中，教师是主体，学生是客体，而在人工智能的助力下，学生的主体地位得到了显著提升，他们能够更加主动地参与教育过程。此外，人工智能的广泛应用也可能对我国的社会主流意识形态安全构成一定影响。智能算法在推送个性化内容时，可能会无意中放大某些非主流观念，从而对社会主流意识形态造成冲击。大学生素质教育与人工智能的结合还引发了一系列伦理风险。例如，数据的隐私保护、智能系统的决策透明度等问题都需要我们给予高度关注。可见，人工智能在推动大学生素质教育创新发展的同时，也带来了一系列新的挑战和问题，这需要我们以更加审慎和科学的态度来面对和解决。

## 第一节 人工智能时代大学生素质教育的成效

基于人工智能以及 AR/VR/MR（增强现实技术 / 虚拟现实技术 / 混合现实技术）等前沿科技，为大学生素质教育注入了新的活力，实现了教育生态与人才培养方式的革新，并已显现积极成果。特别是沉浸式虚拟仿真技术的应用，使得 VR 素质得以实质性地融入课堂教学。这一创新举措不仅显著拓展了大学生素质教育的物理空间，更构建了素质教育的虚拟仿真实践教学平台。通过该平台，我们进一步优化了教育资源的配置，提高了大学生素质教育的整体管理水平。这一系列的变革，标志着我们在利用现代科技推动教育进步、提升学生社会责任感培养的道路上，迈出了坚实而有力的一步。

### 一、拓展了大学生素质教育空间

人工智能赋能大学生素质教育进一步拓宽了大学生素质教育空间，实现了大学生素质教育学习空间一体化。

#### （一）扩展现实物理空间

空间在教育活动中不仅作为教学场景，更承载着教育管理的重要功能。为了深化大学生素质教育，我们需将数据文化有机地融入校园建设的各个环节，以此为基础构建智能化的大学生素质教育平台。在这一过程中，对校园物理空间的规划利用显得尤为重要，它能为教育活动提供更为优化的场景支持。随着人工智能在教育领域的广泛应用，其赋能效应日益凸显。通过智慧教学手段，我们能够更精准地调整教学策略，从而提升教学质量。先进的信息技术和智能设备不仅推动了教育改革的步伐，还大幅缩短了教育管理的部署周期，使得教育管理更为高效和灵活。

在智慧教育教学的基础设施建设方面，众多高校已经积极行动，配备了智能终端，并不断完善教学硬件设施。这些举措有力地支持了大学生素质教育的智慧课堂更新以及相应教学设施的升级换代。我们利用先进的信息技术，将传统的教室空间转型为集物理空间、资源空间、社区空间于一体的混合教育空间，极大地丰富了教育教学的维度和深度。此外，大数据技术的运用也为我们带来了革命性的变化。通过对海量信息的关联分析以及各项要素的数据融合、信息联结与资源整合，不仅降低了能耗和管理成本，还显著促进了大学生教育管理各项工作的全面发展。随着高校教学空间的其他设备与硬件的逐步配套完善，我们对教育设备、教育场所与教育环境的智能管控能力也在不断提升。

在这一背景下，构建校园智慧信息化服务空间成为可能，它不仅降低了资源消耗和管理负担，还大幅提升了校园资源的利用率。通过这种方式，我们正在努力构建起智能化的素质教育体系，推进校园管理的智慧化与精准化。例如，电子科技大学就充分利用了人工智能的技术优势，成功构建了1234智慧网络育人平台和数据中心。这些平台能够实时监测校园能源使用情况和教室使用率等数据，并将各种数据进行高效集成，实现数据的全面共享和顺畅流通。这不仅使校园场域空间的利用效率最大化，还使大学生素质教育展现出更为鲜明的智能化特色。

**（二）建立素质教育虚拟仿真实践教学平台**

在开展各类素质教育时，教育活动空间的需求尤为重要，这不仅涵盖了传统的现实物理空间，更延伸至基于互联网的虚拟空间。近年来，随着VR技术的突飞猛进，大学生素质教育的场域已然拓展至虚拟领域。通过利用已构建的虚拟世界计算机系统，我们得以打造一个“虚实交融”的教育环境，进而建立起大学生素质教育的虚拟仿真实践教学平台，为思想政治理论课程提供仿真实训的机会。为了响应这一技术变革，教育部在2021年7月正式启动了虚拟教研室试点建设工作。此项目旨在通过“智能+”的路径，推动跨学院、跨学校、跨地区的新型教学模式，从而构建一个教师教学发展的共同体，并培育质量文化，以助力高等教育质量的显著提升。迄今为止，教育部已评选出两批国家级虚拟教研室建设试点，这些试点被视为人工智能时代下高等教育体系的新基建。据统计，共有206所高校的657个虚拟教研室跻身其中。以华中师范大学为例，自其虚拟教研室获批以来，该校迅速组建了专业工作团队，并向全国大中小学的思政课教师广泛招募虚拟教研室成员。他们聚焦于解决一线素质教育者在实际教学中遇到的难题，致力于加强优质教学资源的供给。通过打造“同课异构、协同共研”的思政课及“云端”教研品牌，华中师范大学开展了一系列富有成效的教研活动和重点工作。

借助虚拟素质的平台，各大高校设立了素质教育虚拟仿真实践教学平台。在这样的环境下，大学生能够在现实与虚拟的交互中，接触并感知到高度仿真的实践教学。通过数字孪生技术和全息智能课堂的融合，我们进一步拓展了素质教育的空间，为学生提供了一种“数实融合”的教育沉浸感。这种教学方式显著提升了素质教育的“触感”，使大学生能够如同身临其境般地参与其中。虚拟空间的创建与仿真实验预测，不仅满足了信息时代和科技发展趋势下大学生的学习需求，更在拓展教育环境、充实教育形式方面发挥了积极作用。最终，这些创新举措都会给大学生的素质教育带来全新的体验。

## 二、推进了大学生素质教育资源精准配置

人工智能赋能大学生素质教育通过对教育信息的深度采集、教育数据智能分析和教育资源的互联共享，推进了大学生素质教育资源的精准配置，提升了资源的综合利用效率。

### （一）教育信息深度采集

在当下，人工智能技术已经深度融入教育领域，为大学生素质教育方法的革新提供了强大动力。通过智能化的数据收集与分析，我们能够更深入地捕捉教育信息的细微变化，精准掌握大学生素质教育的数据流动趋势，从而实现素质教育的智能化转型。

随着人工智能在教育中的广泛应用，素质教育者不仅要具备扎实的专业理论知识，更要掌握先进的科技信息化技能。他们应能够熟练运用人工智能技术，适应日益智能化的教育环境与教学模式，有效采集大学生在校园生活中留下的行为印记和丰富的信息数据。在当今信息化社会，新闻客户端和各类社交媒体已成为年轻人获取信息的首选渠道，甚至每个人都有可能成为信息的发布者。鉴于此，素质教育必须深入洞察大学生的网络社交关系及其思想动态。这要求教育者借助智能技术的力量，深入了解大学生在自组织系统中的层次结构和群体特性。通过对所采集数据的细致分析，全面把握他们在网络环境下的思想变化和行为模式，科学预测其对群体观点极化的潜在影响，并积极传播主流价值观，以引导大学生树立正确的社会责任观念。

### （二）教育数据智能分析

在当前时代背景下，人工智能技术的持续更新与迭代为各领域提供了强大的智能支撑。特别是在教育领域，人工智能已得到广泛应用，数据在其中扮演着举足轻重的角色。然而，大学生数据的庞大体积往往伴随着信息冗余和垃圾数据的增多，这就对教育数据的智能分析与处理提出了更高要求，需要我们深入挖掘数据的潜在价值。通过深度数据驱动分析，大学生素质教育能够科学、严谨地阐释教育的本质、现象及趋势。这一过程中，我们不仅可以挖掘出教育数据资源中的核心价值内容，还能有效把握大学生的思想动态、影响因素、发展需求以及行为模式。为了保持数据的完整性和精简性，我们可以充分利用人工智能技术对难以直接分析处理的素质教育数据进行清洗、整合与转换，从而推动素质教育方法的创新。在人工智能快速发展的背景下，我们需要从整体视角出发，深入探索大学生群体的思想行为变化趋势。在处理数据时，通过细致的分类、清洗和过滤，我们可以确保数据的纯净度和完备性，有效降低数据误差率，并从海量数据中提炼出真正有价值的信息。此外，人工智能在大学生素质教育中的应用还能促进信息资源的深度分析。通过将这些分析结果转化为逻辑清晰、实时更新的可视化报告，我们可以更加直观地了解教育现状，为教育决策提供有力支持，

进而推动大学生素质教育的持续发展与创新。

### （三）教育资源互联共享

人工智能技术的强大赋能，为大学生素质教育带来了数据集成的新机遇。通过构建系统开放的素质教育一体化智能教学管理平台，我们实现了教育资源的精准配置与优化共享。在这一过程中，大学生素质教育充分利用了大数据的海量存储与逻辑整合优势，通过先进技术手段，将各类相关数据高效整合。借助知识图谱和逻辑架构等分析工具，能深入洞察学生的个性化需求，并据此智能推送相应的素质教育资源。为了推动优质教育资源在更广泛领域的辐射效应，我们积极实施教育大资源共享计划。这不仅加快了“人人皆学、处处能学、时时可学”的学习型社会服务的建设步伐，还有效促进了跨区域、跨学校的学习资源和科技资源的共享。通过人工智能技术的助力，我们强化了素质教育资源的共享共用机制，并充分释放了教育数据的潜能。通过智能素质教育共建共享资源库，我们精心创设并发布了各类针对性强的教育信息。这不仅推动了学校线上资源与社会资源的深度融合与共享，还实现了跨校课程资源的共建共享以及学分互认的在线开放课程模式。这些举措有效打破了学校间的界限，促进了教育的整体优化与发展。我们始终确保教育内容的实用性和有效性，不断丰富和更新大学生素质教育的内容，以提升其时效性和实效性。

## 三、提升了大学生素质教育管理水平

基于人工智能在大学生素质教育评价中的科学化应用，我们应当充分发挥大数据技术的优势，对教育过程数据进行实时、全时的动态捕捉与即时分析。通过精细分类管理大学生的相关信息，并及时向教育工作者提供实时反馈，我们可以实现管理过程的智能化与人性化相结合。以安徽省高校网络思想政治工作中心为例，该中心巧妙地融合了人工智能、云计算、大数据等尖端技术，成功打造了教管服一体化的系统。这一系统不仅全面覆盖了素质教育、服务、管理等核心工作，更在管理层面遵循“专人专职”的高效原则，设立了专门机构，并建立了省校之间的协同机制，从而显著提升了大学生素质教育的管理水平。

### （一）优化素质教育管理流程

各级各类高校可借助先进的数据挖掘与关联算法，进一步优化教育管理流程。这些算法能够为大学生素质教育者提供有力的数据支撑，从而科学地制定素质教育方案，并显著提升教育决策的准确性。同时，这也将有效扩大教育资源和服务的供给范围。在优化管理流程的过程中，素质教育者应充分利用人工智能的赋能，精准识别并削减教育领域中的冗余管理环节，以减少不必要的中间环节和重复性工作。此外，打破信息壁垒、推动教育管理系统的整合与共享以及开展多因素模拟科学决策，都是提高管理效能的关键步骤。

在优化素质教育管理流程的同时，我们还应积极推动管理过程的可视化发展，即实现数据的可视化展示和实时更新。通过采用人工智能算法技术构建的智能化素质教育管理系统，我们能够更全面地了解和把握大学生素质教育的全过程。这一系统还能在推进素质教育的过程中，迅速发现并解决问题，深入追溯并串联起素质教育数据之间的动态联系，从而加强教育管理的规范化和智能化水平。因此，通过优化素质教育管理流程，并实时跟踪定位教育因素及其发展趋势，我们不仅能为高校管理人员提供科学制定素质教育方案的依据，还能帮助素质教育工作者洞察各要素的发展动向，进而制定出更为贴合大学生需求的素质教育课程或活动章程。这将极大提高教育者的洞察力，使他们能够获取更多有价值的数据信息，充分发挥技术优势，及时对出现的问题作出反应，并显著提升大学生素质教育管理的实际效果。

**（二）管理对象得到人性化服务**

随着数据的不断积累，我们能够通过深入的数据分析，精准地揭示出群体与个体的生活习惯、个人偏好以及行为模式。在这一基础上，结合深度学习技术的强大能力，我们可以精确地定位受教育者的学习需求、知识结构和认知模式。通过实时动态地呈现并更新大学生的数字画像，我们能够推动素质教育管理服务的革新，使大学生素质教育管理更加人性化，实现从传统的管控式管理向更为人性化的数据管理的转变。

在人工智能的时代背景下，教育的发展日益显现出参与主体多元化、供给方式多样化等特点，这也促使教育管理逐渐转向多元主体的协商共治模式。因此，大学生素质教育亟需构建一个以生命个体为核心的教育治理框架，确保规则真正服务于人，并推动形成多元参与、协同创新的管理体系。通过计算分析大学生的理论知识内化过程中的心理和行为特征，我们能够更好地协调素质教育各要素之间的关系，进而促进素质教育管理信息资源的便捷共享与流通，显著提升大学生素质教育管理服务的智能化和人性化水平。

**（三）提高素质教育管理者的工作效率**

随着当代大学生个性化特征的日益凸显，大学生对素质教育者的能力素养提出了更高的要求。教育管理工作者现在能够依据教育管理过程中各要素变化的实时动态数据，迅速捕捉教育对象的需求、教育资源的分布状况、教育管理的实时情况以及实践效果等全方位的客观信息。高校辅导员，作为在素质教育中发挥潜移默化影响的关键角色，面对着管理信息量激增和智能化需求不断提升的挑战，亟需改变身兼数职的现状，并着力提升辅导员队伍的专业化水平。为此，建立智慧辅导员管理系统成为一项重要举措。该系统不仅有助于实现高校辅导员职位的精准人岗匹配，还能大幅提升数据收集和汇总的效率，为大学生素质教育管理提供确凿的数据支撑。此外，该系统还能有效分担大学生素质教育的日常事务性工作，为探索与实施智能时代下的个性化教学模式奠定基础，从而进一步提升大学生素质教育的精细化和智能化水平。

## 第二节 人工智能时代大学生素质教育存在的困境

人工智能在赋能大学生素质教育方面已取得了显著成效，不仅拓宽了教育空间，优化了资源配置，还大幅度提升了管理水平。然而，这种技术的融入也带来了一系列新的挑战。具体来说，人工智能的应用使得大学生素质教育的主体与客体关系发生了深刻变化，同时对我国主导意识形态的安全产生了潜在影响，此外，还引发了关于大学生素质教育的伦理风险问题。这些变化和影响需要我们进行深入研究和妥善应对，以确保人工智能在推动大学生素质教育的同时，也能维护教育的本质和价值观。

### 一、大学生素质教育主客体发生变化

随着人工智能技术的出现，传统的素质教育主客体关系正面临着挑战。这种技术可能会打破原有的教育主体与客体之间的平衡，形成话语交互的壁垒，甚至可能导致素质教育者的话语权被削弱甚至旁落。因此，我们需要在利用人工智能技术的同时，审慎考虑其对教育主客体关系的影响，以确保教育的有效性和主导性。

#### （一）素质教育者的主导性和权威性受到挑战

素质教育者作为大学生素质教育的主体，历来在教育过程中发挥着核心主导作用。然而，随着人工智能技术的深度融入，这一传统主体地位正面临前所未有的挑战。当素质教育者过度依赖代码驱动、算力运行和数据输出的智能化教育逻辑时，他们可能忽视了受教育者不断变化的个性特征和多元化的精神需求。这种偏离导致知识传递的方向发生错乱，进而削弱了教育者的主导权。此外，人机协同的教学模式转变，实际上也在一定程度上将教育者的权威转移到了机器上，从而引发技术异化的风险。数字流畅性即利用数字工具和平台高效解决新问题和棘手挑战的能力，对于现代教育者而言至关重要。然而，数字流畅性的不足导致许多教育者难以充分利用机器智能，无法实现真正有效的人机协同。这不仅削弱了素质教育者在价值导向上的作用，还阻碍了他们有效地引导受教育者关注自身思想和行为的现状。

尽管人工智能以其庞大的数据体系和强大的算法系统展现了显著的技术优势，但仍有大量素质教育工作者对信息技术的应用持排斥态度。这种理论与实践的脱节不仅挑战了教师的权威性和传统的教学形式与内容，更可能阻碍教育创新的步伐。同时，

当素质教育者发现可以依赖人工智能完成大部分教学内容时，他们可能会逐渐滋生教育惰性，减弱了提升教育技艺的内在动力。这种情况极有可能使教育者沦为智能教学机器的操作员，成为科技的“附庸”，进而导致社会和大学生对其主导性和权威性的质疑，最终导致其主导地位的衰落。

### （二）削弱大学生的主体性

在素质教育的过程中，受教育者不仅是教育的对象，更是具有主体性的参与者。这种主体性体现在他们的“自觉能动性”上，即他们能够主动接受教育，实现自我提升，完成从知识理解到行为实践的转化。然而，人工智能系统的介入可能会对这种主体性产生负面影响。具体来说，它可能会导致大学生形成对人工智能的过度依赖，进而滋生惰性思维，这无形中剥夺了受教育者根据自身实际情况选择教育需求、进行理性判断和独立思考的权利。智能技术所带来的主动性反馈，虽然在一定程度上提高了学习效率，但也可能导致大学生的主体性发生异化。当大学生沉浸于虚拟空间的学习和表达，过度依赖系统指令时，他们的自我学习思维和动力可能会受到削弱。这与我们促使大学生深度参与素质教育全过程的初衷相悖，不仅挤压了他们主体性发挥的空间，还可能消解他们的主体意识和能力。

机器学习是人工智能的一个重要子领域，在教育领域的应用日益广泛。然而，它在一定程度上也可能消解大学生的学习自主性。智能机器人和智能搜索引擎的便捷性，虽然能帮助大学生快速获取客观全面的答案，但也可能导致学习者减缓对思维的深入探究。大学生的创造性发展和主体性提升，需要他们通过身体感知与外界建立真实、有深度的联系。然而，过度的技术依赖可能会阻碍这一过程，弱化他们的主体性和创造性。此外，随着人工智能的发展，大数据在为大学生提供支持的同时，也可能传递特定价值，从而对他们的认知产生误导。这种技术本位的趋势，正在试图取代人本位，进一步削弱大学生的主体性。因此，我们需要审慎对待人工智能在教育领域的应用，以确保其能真正促进大学生的全面发展。

## 二、影响我国主导意识形态的安全

素质教育的本质在于灌输与教化社会主流意识形态，它带有显著的意识形态特性，即阶级性。然而，随着人工智能技术的崛起，其为多元文化和各种思潮的快速传播提供了前所未有的便利，这一现象无疑会对我国社会主流意识形态安全产生深远影响。因此，我们必须高度警惕并妥善应对这一新技术带来的挑战，以确保我国社会主流意识形态的稳固与安全。

### （一）消解素质教育的引导性

在数字化时代，海量的数据信息对社会主流意识形态的影响力构成了挑战，降低了大学生对素质教育内容的价值认同感。智能算法是这个时代的显著特征，掌控着信息的分发，而其运行又受资本的影响。在算法推荐技术的引领下，大学生更倾向于接收简短、碎片化且娱乐性强的内容，导致他们接收的信息日趋同质化，进而造成认知结构的僵化和刻板印象的形成。在智能化背景下，一些官方素质教育账号由于非营利性质，面临着教育内容缺失和价值引领受阻的问题。这种由算法主导的传播模式容易使人们陷入由算法、数字和代码构筑的信息茧房中，从而将与自身观念不符但有价值的信息排除在外。长期身处这样的环境，大学生难以接触到多元、开放和有价值的信息，这不仅可能导致素质教育的价值固化，还可能造成受教育者价值观的封闭。由此，大学生素质教育面临着覆盖率低、内容推送减少以及价值选择受限的危机，难以打破信息茧房的束缚。

### （二）弱化素质教育话语权威

在人工智能时代，随着算法推荐和圈层传播的迅猛发展，多元主体间的话语竞争与圈层隔阂日益显现。机器人和技术的广泛应用，使它们在一定程度上取代了部分素质教育者的角色，成为素质教育内容制定的新的“把关人”。这一现象对社会主流意识形态的传播构成了挑战，使其面临着被挤压和被弱化的风险。当人工智能赋能大学生素质教育时，可能会携带一些与增强素质教育话语权和权威性相悖的错误信息、扭曲的价值观以及不正当言论，这些因素有可能导致素质教育的话语管理体系失控。智能推送技术使大学生沉浸在根据个性化需求定制的教育话语中，这种情况可能引发素质教育话语的混乱和价值偏离，进而削弱素质教育的话语权威。对于大多数大学生来说，人工智能算法技术是一个缺乏透明度的“黑箱”。算法通过对用户的兴趣喜好和个性特点进行数字化分析，能够清晰地勾勒出受众群体的信息偏好，从而构建出一种“泛娱乐化”的沉迷机制。这种机制有可能侵蚀素质教育话语的价值权威。因此，素质教育话语系统所构建的理性世界正面临着被喧嚣浮躁的泛娱乐化感性世界冲击的风险，这可能导致素质教育的话语权被稀释。

## 三、大学生素质教育存在的伦理风险

人工智能凭借先进的数据收集能力、精准算法等技术手段，对信息进行深度采集与分析预测，从而有力推动了大学生素质教育的智能化进步。然而，在这一技术的实际应用过程中，也容易引发一系列复杂的伦理问题，需要引起我们的高度重视和审慎对待。

### （一）大学生素质教育落入技术至上的陷阱

智能技术与人类社会各领域正逐渐实现深度融合与创新，这一现象导致部分人将科技视为衡量一切事物的唯一标尺，过度强调科技的万能性，从而使大学生素质教育陷入技术至上的误区。在推动素质教育方式方法的创新与发展过程中，我们必须始终坚持以人为本的核心原则。然而，在人工智能赋能大学生素质教育的实践中，技术的广泛应用容易使受教育者形成技术至上的思维定式，进而迷失对人本身价值的认知与追求，这与素质教育旨在促进人自由而全面发展的初衷背道而驰。

大学生素质教育本应是一种情理交融的教育实践活动。然而，人工智能的成功往往导致人们过度推崇科学理性或工具理性，忽视了情感与道德的培养。正如霍克海默和阿多诺所指出的那样："科学技术越进步，人们并没有进入人性完善的状态，反而深深地陷入了野蛮状态。"尽管人工智能技术能够在表面上对人的话语作出反应，但它却无法产生真正的情感。同时，由技术产生的人工情感可能会引发情感紊乱，干扰个体的正常情感体验。智能机器在识别、生成和表达情感方面的能力逐渐适配了人的自然情感，这可能导致人机共情等偏误现象的出现。这种现象有可能使教育个体逃避真实世界的情感交往，从而束缚了个体的社会情感和交往能力的培养。这与素质教育旨在促进大学生全面发展的目标相去甚远。因此，在利用人工智能技术推动大学生素质教育的过程中，我们必须保持警惕，避免陷入技术至上的误区，始终坚持以人为本的教育原则。

**（二）算法歧视诱发教育公平问题**

在推动素质教育科学化的进程中，人工智能技术与素质教育的交融，虽带来了创新机遇，但因技术本身的"双刃剑"特性，也使得素质教育面临严峻的技术伦理挑战。数据获取已渗透到人们生活的方方面面，而人工智能算法在处理这些数据时，可能会因其自动化或半自动化的决策机制而产生与人类相似的偏见与歧视，从而导致对个人的不公平、不公正对待，即所谓的"算法歧视"。在人工智能赋能大学生素质教育的实际应用中，设计者在编写算法时可能无意识地嵌入了个体偏见、西方社会思潮以及文化差异等因素，进而使得人工智能的输出结果带有偏见，引发教育公平性的问题。同时，当素质教育者操作人工智能应用时，他们可能会遭遇"算法黑箱"问题，既难以确切把握信息的有效性和可靠性，也无法完全知晓算法的目标和意图，这大大降低了对算法进行公平性监督的可能性。算法歧视的问题已在学术界引起广泛关注。人工智能教学产品的涌现和滥用可能会导致学术不端等问题的出现。算法研发者的偏见、输入数据的偏差以及算法研发平台的利益诉求等都可能使算法产生"偏好"。随着算法技术的广泛应用，它可能会通过区分不同的学生群体，精准推送符合学生喜好的情绪化内容，从而影响活跃于网络的大学生的价值判断，使他们难以分辨这些内容的真实性。这种算法歧视破坏了平等原则，成为人工智能在赋能大学生素质教育过程中难以实现教育公平的重要障碍。

### （三）数据泄露引发隐私安全风险

在人工智能技术领域，数据是不可或缺的核心资产。同样地，在大学生素质教育中，信息的采集也扮演着举足轻重的角色。然而，数据采集器、资料采集器以及各类应用软件的监管不力、秩序混乱，极易导致个人敏感信息和私密话题的泄露。这种泄露不仅会侵犯个人隐私，更可能引发深层次的危害，诸如情感上的侵害、价值观念的冲击等。因此，当人们在享受人工智能所带来的生活与工作便利之余，也必须面对个人隐私可能被窃取和泄露的风险。

智能教育系统储存了大量的学生个人信息，尽管学生们主观上并不希望这些信息被披露，但他们对于自己在数字世界留下的隐私信息缺乏管理权限。更为严重的是，他们甚至无法监督和控制这些隐私信息在何时、何地被系统记录，以及这些信息最终被用于何种目的。在人工智能的时代，隐私的界限日益模糊。为了实现预先的价值干预与指导，并确保这一过程在可控范围内进行，大学生素质教育加强了对学生的思想动态、行为动向以及相关教育数据的关注，以便提供更具针对性和个性化的教育服务。

# 第五章　人工智能时代大学生素质教育的理论创新

理念创新是人工智能在强化大学生素质教育中的核心突破口，它正引领着该领域在理念层面、方法论及实践行为上的深刻转型。当前，尽管学术界对于赋能理念的探讨已初步融入对风险挑战及其应对策略的分析中，但针对该理念的专项深入研究仍显不足，亟须进一步的拓展与深化。在此背景下，我们迫切需要树立一系列新的教育理念，即共生理念以强调人与技术、知识与技能的和谐共存；精准理念以确保教育内容与个体需求的精确匹配；协同理念以促进教育者与学习者、理论与实践之间的紧密合作；融合理念来推动跨学科、跨领域的知识整合与创新。通过这些新理念的深入贯彻，我们将能够更有效地推动大学生素质教育的发展，以培养出适应并引领智能时代的高素质人才。

## 第一节　树立共生理念

共生理念是指在大学生素质教育的生态体系中，各个组成要素之间以及体系内外部要素之间所展现出的和谐共存、相互促进的先进观念。这一理念深深植根于中华优秀传统文化中的“和而不同”思想，并在新的时代背景下实现了创新性的发展和转化。在工业时代，我们关注的是大学生素质教育的专业性和多元化探讨。然而，在智能时代的浪潮下，大学生的数字化联结呈现出共生的新特征。在这个新时代，人类与人工智能机器、教育者与受教育者之间的关系，已不再是简单的单向控制，而是转变为相互赋能、和谐共生的新型关系。这种关系的核心是多元主体的协同共生，体现了人工智能时代素质教育的新趋势。随着人工智能技术的不断发展，大学生素质教育正逐步向平台化、生态化的方向演进。因此，我们必须树立共生理念，以适应这一历史性的转变，推动大学生素质教育迈向新的高度。

## 一、大学生数字化联结共生

大学生的数字化生存状态，为人工智能在大学生素质教育中的应用奠定了坚实的现实基础。在当前的数字化生态环境中，大学生的日常生活已深度融入“数字监控”的范畴，他们的行为轨迹严格遵循由数字技术所构筑的公共准则与规范。这一透明的数字世界，将大学生的行为模式、思维方式乃至情感体验，悉数转化为数据集与精密的算法模型，从而使得每位大学生个体都以一种生动且具体的数字化形态存在。数字技术的强大通约性，极大地拓宽了大学生与外界的共生连接渠道。在此背景下，大学生的存在方式已从传统的自然与社会辩证统一，拓展为融合数字性、符号性、虚拟性、体验性和智能性于一体的全新主体身份。同时，实践方式也发生了根本性转变，从过去依赖大脑思考与双手劳动的具身实践，转变为如今依靠智能程序与数字传输的离身实践模式。在这一深刻的变革过程中，数据的细致分类、算法的巧妙交融与人的主观能动性紧密相连，相互交织。这为素质教育者提供了前所未有的机遇，使他们能够通过深入的大数据分析，间接地洞察并理解大学生的思想与行为模式。然而，这种基于数据的认知方式也并非完美无缺，它往往难以全面捕捉语境的丰富性与复杂性，从而可能导致对大学生个体的认知出现片面化倾向。因此，在利用人工智能技术进行大学生素质教育的过程中，我们应充分认识到这一局限性，并努力寻求更为全面、深入的理解方式。

数字联结共生的现象正推动着素质教育向人学范式的转换。深入探究并理解个体的内在需求、深切愿望及核心价值追求，对于引导其树立并践行“善”的意识与行为，具有至关重要的意义。大学生的思想道德素质并非与生俱来的，而是在对复杂人际关系的深刻领悟中，逐步塑造并发展起来的。个体间深层次的意义联结，构成了素质教育关系的核心与本质。个体对于社会责任的认知，根植于其对“自我”与他人、与社会之间关系的精准把握，而这种认知的形成，又在很大程度上取决于个体自由意志能否超越盲目的冲动，实现理性的自我超越。素质教育的终极目标，在于提升实践主体——人的整体价值。作为实践活动的主体，人既积极参与改变主观世界的活动，也致力于改变客观世界，这决定了教育承载着双重使命：既要引导人们如何有效地改变外部环境，更要引导人们如何深刻地改变自我。这种教育既具有外在的、可衡量的“有限性”，也蕴含着内在的、不可估量的“无限性”。人工智能的迅猛发展，为大学生的存在方式带来了最显著的变化。现实自我与虚拟自我、数字人与数字人之间，建立了前所未有的、意义深远的联结与共生关系。面对这一深刻的变革，大学生素质教育必须主动适应，积极转向以大学生为中心的教育模式，推动教育范式向更加人本化的方向转换。这一转变旨在有效解决由抽象数字化所带来的意义缺失与情感疏离问题，同时，它也强调要关注大学生素质教育的社会功能性价值，以及大学生的自我实现价值。通过这种综合性的关注与引导，我们可以更全面地促进大学生的个人成长，提升其社会责任感，从而培养出既具有深厚人文素养，又具备创新精神和实践能力的新时代人才。

数字联结共生扩展素质教育的时空。教育者与学习者，作为独立的个体实体，与人工智能虚拟实体之间形成了一种紧密的共生共存关系，这种关系深刻体现在场景、角色与行为三大核心维度上。从场景维度审视，人工智能的融入使素质教育不再囿于传统的面对面教学模式，而是向更为广阔的线上领域延伸。它更加注重对教育场景的深度感知、价值的有效引导、信息的即时交互以及教育体验的全面优化，从而构建了一个更加多元、开放、互动的学习空间。在角色维度上，素质教育的资源分配正经历着从教育者中心向学习者中心的根本性转变。通过高效的信息交互与精准的资源配置，我们能够协同多元的教育主体，形成一股强大的教育合力，共同推动教育进程的深入发展。从行为维度来看，人工智能技术的助力使教育主体能够打破时间与空间的束缚，以更加高效、灵活的方式参与到大学生的素质教育中，从而显著提升教育的整体效能与质量。然而，时空的转换也伴随着碎片化的不适感。为了有效缓解这种不适，大学生素质教育需要系统整合学习者的自我系统、学习者与他人的关系系统以及学习者与社会的关系系统。教育内容的难度与类型应与学习者的知识结构和兴趣点紧密契合，以助力他们将理论知识内化为自身的素养，实现全面和谐的发展。此外，大学生素质教育还应将重心放在提升学习者的实践能力和创新能力上。通过充分利用人工智能搭建的智能平台，我们可以促进学习者与来自不同地域、文化背景及时间段的人们进行深入的交流与合作，从而培养他们的团队协作精神，提高他们的社会理解力与变革能力，为他们的全面发展奠定坚实的基础。

数字联结共生驱动素质教育的模式数字化转型。在人工智能的时代浪潮下，大学生的信息获取途径正日益拓宽，以往依赖权威进行单向灌输的教育模式已显得捉襟见肘，难以适应当今时代的迫切需求。因此，素质教育者必须积极转型，从传统的知识传授者转变为规划引领者和能力激活者。人工智能技术的迅猛发展和持续迭代，使得社会变迁的步伐日益加快，“不确定性”已逐渐成为我们生活的新常态。在这样的背景下，人机共生不仅是大学生的新型生活方式，更是他们必须面对和适应的现实挑战。大学生素质教育的重任，在于引导他们在人机共生的复杂环境中灵活应对并驾驭这种“不确定性”。相较于过去素质教育者以一成不变的角色和模式推进教学任务，数字时代的联结共生特性要求教育者必须担当起更为多元和动态的角色。他们不仅需要以教育组织者的身份出现，更需要整合各方资源，开辟多元化的教育路径，以实现教育价值的最大化。

展望未来，大学生素质教育将展现出以下崭新图景：每位大学生都将拥有一份精准的数字画像和智能学习助手，这些工具将根据他们的特点和需求提供个性化的学习方案，助力其持续成长和提升；每位素质教育者也将配备智能辅助系统，以便更精准地针对每位学生的特点和需求进行差异化教学；每一门课程都将建构起详尽的知识图谱，并配备可灵活定制的数据资源包，从而支持学生的自主学习和深入探索；学生的每一个学习动作和进步都将被系统精准记录，为后续的学习分析和个性化指导提供数据支持；同时，各大高校也将开发出更为丰富的隐性素质教育课程，以多元主体共同参与、以学生为中心的教育理念，共同推进素质教育的深入发展。在这一过程中，学生将获得更多展示自我和互动交流的平台，从而在实践中不断提升自己的社会责任意识和实践能力。

## 二、人机关系走向人机共生

随着人工智能技术的不断进步，人机关系已逐渐演变为人类社会发展的关键维度，同时，也必将成为大学生素质教育领域中不可或缺的一环。与传统的主客二分观念不同，现代人机关系更倾向于一种对象性共生的新形态，这种关系在动态中不断发展与完善。诸如 Chat GPT 等生成式人工智能技术的涌现，通过人机对齐的先进机制，极大地推动了人机交互的深度与广度。因此，在赋能过程中，我们必须摒弃单向、机械的思维模式，转而采用更为互动、双向的理念，以推动教育主体在人机交互中实现真正的共生与和谐发展。

人机关系成为素质教育的重要关系范畴。随着人工智能时代的全面降临，人工智能正逐步渗透至我们生活的核心层面，展现出鲜明的拟主体性特征。这一拟主体性的涌现，不仅为教育领域引入了全新的关系维度，而且在人与人、人与社会的传统关系基石上，催生出了人与人工智能这一崭新且复杂的关系形态。素质教育的核心在于引导个体既面向外部世界，又关注自我精神需求，其根本使命在于调和并处理人类社会中的基本关系。回顾人类历史，我们目睹了人与自然、人与人以及个体内心世界的三种对抗，这些对抗以矛盾的形式呈现，最终追求的是辩证统一与和谐共生。然而，人工智能技术的迅猛崛起，为我们带来了一个前所未有的挑战——自然人与人工智能之间的“第四类对抗”。这一对抗主要体现在人的对象世界（外部物质世界）与意义世界（内在精神世界）之间的冲突与矛盾，这已成为当前大学生素质教育必须直面并回应的现实问题。与自然人相比，人工智能作为人类“对象性活动”的产物，其知识供给完全基于程序和编码，而非道德、责任或义务。因此，它天生缺乏道德判断与伦理观念，这可能会引发一系列道德风险和伦理缺失问题。反观自然人，则具有深厚的社会性根基，承担着道德责任和义务。素质教育的首要任务，便是培养人的价值观、道德观和责任感，这正是人工智能所无法比拟的。此外，人工智能与自然人拥有截然不同的“算法”。人的思维方式在不断发展演变，而人工智能也在实践中不断丰富和优化自身的“算法”。因此，人机关系必然处于动态生成之中，成为大学生素质教育中不可或缺的关系范畴。从本质上看，人机关系是人类通过人工智能这一中介所展现出来的人与人之间的关系。人与人工智能机器的关系，归根结底是由人与人的关系所决定的。要实现人与人工智能的和谐共处，其根本途径在于首先实现人与人之间的和谐共处。这既是素质教育的核心目标，也是人类社会未来发展的必然趋势。

教育主体走向人机共生。人与人工智能之间的关系，超越了简单的“主仆”或“替代”框架，而是构建了一种更为复杂且富有深意的对象性共生关系。在这一新型关系中，人机交互已成为社会生产与生活领域的新常态，两者相互依存，共同演进。人类与机器各自拥有独特的优势领域：人类在并行处理、模式识别方面展现出卓越的能力，而机器则在顺序处理、逻辑推理方面以惊人的速度超越人类。当面对特殊任务时，人类依赖于个体的才华与关系系统的驱动，而人工智能则凭借数据和技术支持来应对挑战；在学习与探索的道路上，人类以敏捷的工作方式实现知识的积累与创新的开发，而人工智能则通过机器学习的不断迭代来持续进步；在适应不断变化的实践环境时，人类需要不断学习并进行自我调节，而人工智能则依赖于可扩展的中央处理系统与分散的代理机制来实现高度的灵活性。从本质上而言，人工智能依然是人类“对象性活动”的产物，它与人类之间的关系是一种对象性关系。这种关系在持续的交互中不断生成与发展，是人类根据自身需求在对象性关系中创造出来的一种共生状态。在素质教育的广阔舞台上，教育者根据自身的教学需求，积极开发或精心选择适合的人工智能工具，并根据实际应用效果不断推动其系统的优化与升级。同时，教育者也需要根据人工智能的应用所带来的深刻变化，不断提升自身能力、改进工作方式，并充分利用人工智能的独特优势来弥补自身的不足。在这种交互式的对象性生成过程中，教育者与人工智能实现了共生共存。在大学生素质教育的实践中，人机共生以一种“人机化合物”的形态崭露头角。这种形态具有高度的情景依赖性和动态生成性，它能够根据具体的素质教育情境而灵活地生成并实现共生存在。这种人机共生的教育模式不仅显著提升了教育效果，还为学生提供了更加丰富多样的学习体验和发展空间，为素质教育的未来发展开辟了全新的道路。

构建人机交互共生教育主体。尽管人工智能在当前教育领域的应用日益广泛，但人机交互仍主要局限于单向交互模式，其中人工智能主要承担教育过程中客观数据的采集与分析，而教育主体则常处于被动接受地位。这种反馈机制实质上取代了教育主体的自我评价，不仅削弱了其主体地位，还影响了其对教育活动的深入反思与有效调节。然而，交互的本质是双向的，反馈在这一过程中扮演着至关重要的中介角色。学术界已对人机交互的反馈结构进行了深入研究，并提出了多种理论框架，如基于建构主义的“四要素说”、基于评价理论的“五维框架说”，以及由英国学者萨顿提出的反馈素养理论所衍生的“六元素说”。后者强调通过感知、认知、评价、行动、情感和动机六个元素来促进交互参与，特别适用于研究人工智能在赋能大学生素质教育中的交互结构，因为大学生素质教育是一种科学性与价值性相统一的教育活动，其中认知与动机在学生的价值判断过程中占据核心地位。为了构建人机交互共生的教育主体，我们必须以交互结构为基础，坚守人的主导地位，同时明确人工智能的辅助作用。我们需要统一人机交互共生教育主体的价值观和规则体系，并在双向交互的实践中逐步塑造这一共生体。事实上，国家层面的政策规划，如《新一代人工智能发展规划》，已将人机交互能力确定为发展人工智能的关键共性技术目标。此外，2019 年国际人工智能教育大会通过的《北京共识》也强调了以人为本的原则，旨在促进人工智能与教育融合的基础上，加强人机互动与协作。素质教育者应根据实际需求灵活选择人工智能应用，充分利用其高效执行的优势，让人工智能辅助承担“教书”任务，即传授知识的角色。而教育者则应专注于“育人”，通过实践中的反馈促进“对象性”关系的转化，不断优化双向交互中的运行规则。这样一来，我们将能够推动大学生素质教育人机交互新形态的生成，为培养具有创新精神和实践能力的高素质人才奠定坚实基础。

### 三、师生双向奔赴相融共生

在传统素质教育观念中，教育者与受教育者之间的关系往往被框定在主客体的二元结构中。然而，随着现代教育理念的演进，这种关系正逐渐超越传统的主客二分界限，趋向于“主体间性”的理解。人工智能技术的融入，不仅为教育者提供了能力的“延伸”，还为受教育者带来了认知与体验的“延伸”，从而深刻地重塑了教育者与受教育者之间的互动关系。随着这种交互的日益密切，教育者与受教育者之间的关系不再是简单的传授与接受，而是共同构建了一个师生共同体。在智能化教育的背景下，素质教育的教育者与受教育者形成了双主体关系，他们与智能机器共同构成了一个人机共融的经验主体。这种人机共融不仅使传统的主体与客体界限变得模糊，更推动了“主体客体化”与“客体主体化”的进程，即教育者与受教育者在与机器的互动中，既是操作的主体，也成为被机器感知和响应的客体。最终，“人—机—人”共同构成了一个动态、互动且共同进化的教育主体共同体，其中每一个元素都既是主体也是客体，共同推动着素质教育的创新与发展。

人工智能丰富了素质教育的师生关系。在传统哲学与主体间性哲学的框架下，“物”通常被界定为纯粹的客体，无法跃升至主体地位的层面。然而，人工智能的涌现颠覆了这一传统认知，它作为“技术人造物”，原本应是人类教育的辅助性工具，处于被动从属的地位，无法自主行动。但随着“智能”与“思维”的融入，人工智能已经能够协助规划个性化的学习路径、精准推送学习资源，展现出一种类似“主观能动性”的特质，使得原本作为客体的人工智能开始呈现出主体化的倾向。在这一转变过程中，人工智能甚至在某种程度上扮演了教育者的角色，即教育主体的地位。其独特的运行逻辑与功能实现，使得受教育者的“主体”地位在某种程度上相对降格为“客体”。例如，学生面部识别与专注度分析系统，通过人工智能技术深入剖析学生的日常行为、课堂专注度、互动情况以及教学行为，从而为精准教学提供有力支持。然而，这种智能分析往往依赖于摄像头等硬件设备，在监控状态下捕捉学生的身体数据与私人空间信息，这可能引发对学生隐私权的侵犯，同时也可能削弱学生的心理防线，使他们在无形中成为被分析的“对象”，这与杰里米·边沁所提出的“圆形监狱”理论中的“自我监禁”状态有着惊人的相似之处。值得注意的是，尽管人工智能在某些方面展现出了类似主体的特性，但其终究是人类创造的产物。人类通过社会实践确立了自己的主体地位，而人工智能则缺乏这种自我实践能力。其所谓的“主观能动性”实质上是人类主体所赋予的，是基于人类实践中的“数字足迹”进行算法处理与模型构建的结果。这些数据来源于人类的实践活动，并非人工智能自身的“认知”或“意识”，因此人工智能并不真正具备主体地位。在教育领域，传统的核心议题主要聚焦于教育与人的发展关系、教育与社会发展的关系。然而，在智能时代，教育与机器的关系成为一个崭新的重要议题。人工智能作为人类对象性活动的产物，在与人类的交互过程中承载了人类的思想和价值观。在这个新时代，人工智能不仅作为教育的工具和载体，更成为教育的对象，是教育者与受教育者身体的延伸和智能的拓展。随着智能时代的到来，传统的素质教育师生关系正面临着深刻的变革。在素质教育中，师生不仅需要处理人与人之间的关系，还需要应对人与人工智能以及人工智能之间的关系问题。这要求我们在理论上进行深入探讨，同时在实践中积极探索，以构建适应智能时代需求的新型素质教育师生关系。

素质教育师生关系要避免技术理性与价值理性的失衡。以智能平台为例，素质教育者的言行举止无时无刻不处于AI的严密监控之下。这种全方位、无间断的追踪、监控与记录机制，使得教育者在社会责任方面的任何双重标准都可能迅速被媒体曝光，被人工智能捕捉并放大，进而严重损害其在学生中的形象与威信，导致教育效果大打折扣。哈贝马斯曾对以技术理性为工具的目的理性行为提出批判，他认为这种模式在处理人际关系时显得力不从心。他强调，人与人之间的交流应是一种以语言为媒介、以理解为目标的交往行为，旨在实现精神的共享、共生与共鸣。因此，素质教育者应保持冷静与理性，审慎地应用人工智能技术，并持续进行反思与自我调整，根据实际需求优化人工智能的应用生态。然而，人工智能在情感交流、意志培育以及深度文化传承方面存在着明显的局限性。它无法替代教师在建立学生情感联系、培育意志精神以及传承人类文化方面的独特作用。人工智能虽能实现知识的传递，但无法触及“求道”“知道”与“兴道”等生命价值的更深层次。技术理性以主客二分为哲学基石，但在人工智能时代，我们需要以主体间性来超越这种传统的二元对立关系。笛卡儿的“我思故我在”命题虽然开创了认识哲学的先河，为主客体关系提供了经典范式，但其核心思想是将心灵与意识确立为“自我”，并从“自我”出发去审视与构造世界，将“我”之外的“他人”视为客体。然而，在现实中，“他人”与“我”都是平等的主体。哲学家提出的“主体间性”概念，正是为了强调人作为客体的同时，也具有主体地位。“主体间性”理念的提出，标志着教育理念向现代化的迈进。在现代化的教育理念中，师生之间应建立平等的主体交互关系，而非主客对立。在赋能过程中，师生双方应以价值理性为指引，调适技术理性带来的主客分离现象。他们应相互作用、相互沟通、相互影响、相互交流，以共生的方式存在，共同推动教育事业的繁荣发展。

素质教育师生关系走向师生共同体。在探讨素质教育的师生关系时，我们不得不提及雅斯贝尔斯对交往类型的划分，这一理论为我们揭示了人际交往的层次与动态演变过程。首先，共生主体性交往关系作为交往的初级阶段，其中的个体作为共同体的构成元素，其独立性与主体性并未充分展现，而是完全顺应共同体的整体需求。随后，交互客体性交往关系出现，此阶段个体开始彰显其主体性，将他人视为实现个人目标的工具性存在。进一步地，外在的主体间性交往关系标志着主体间达到了一种表面上的平等状态，但这种平等仍需外部规范的强制约束来维持。最终，我们追求的是内在的主体间性交往关系，这种关系基于个体内在的人格特质与公共利益，展现了主体间深层次的平等、开放、信任与融合，是雅斯贝尔斯理论中的理想交往形态。随着人工智能技术的不断融入，素质教育中的师生关系正逐步向这一理想状态迈进。素质教育的核心在于精神上的深度交流与互动，它要求师生双方敞开心扉，进行深层次的沟通，摒弃传统的支配与被支配关系。这种教育形式实质上是教育者与受教育者之间交往的一种存在状态，其发展趋势是构建一个更为紧密的师生共同体。在智能化日益普及的当下，主体间性正逐渐摆脱传统的主客二分束缚，转向由多个主体共同构成的共同体模式。人工智能技术的介入使得主体间的信息联系更加紧密，为共同体的形成与发展提供了有力支撑。无论是知识的构建，还是价值观的确立，都需要大学生积极感知和体验世界，同时与他人进行有效的言语与情感沟通。师生之间的交往在培养高阶思维能力，如情感、态度和价值观等方面，具有不可替代的作用。值得注意的是，大学生素质教育并非仅仅关注政治、经济等社会层面的要求，更非抽象的人性概念所能涵盖。它关注的是每一个具体、完整、处于不断发展中且充满活力的个体。因此，师生双方需要不断加强交往与沟通，在情感层面达到共鸣与融合，以弥补智能机器可能带来的

"冷漠"与"距离感"。展望未来，素质教育将更加注重师生双方的互动与参与，致力于共同构建一个充满活力、温情与共鸣的师生共同体。在这一共同体中，师生双方将携手共进，共同探索知识的奥秘，培育高尚的情操，实现个人与社会的和谐共生。

## 第二节　树立精准理念

传统的素质教育模式，往往立足于教育者的立场，偏重构建并传播社会主流意识形态，视素质教育为一种独立于教育对象之外的培育过程。这一教育理念在特定历史时期，对于推动素质教育的标准化与系统化确实发挥了积极作用。然而，在智能技术日新月异与价值追求日益多元化的今天，此种传统教育模式已难以适应个性化教育的迫切需求。

人工智能技术的蓬勃发展，为大学生素质教育开辟了新的路径与机遇。依托大数据技术，人工智能能够实时提取、智能分析并直观呈现各类数据，其内在的精准特性为提升大学生素质教育的精确性与针对性提供了强大支撑。在赋能过程中，大学生素质教育应树立精准思维，具体体现在以下几个方面。

### 一、精准设定教育目标

在推进大学生素质教育的赋能进程中，人工智能应深刻融入并践行立德树人的根本宗旨，严格依照大学生个体成长规律及素质教育的本质要求行事。我们需坚定以学生为中心的教育理念，积极发挥人工智能的赋能效应，力求在教育的全维度、全时段及全过程中实现深度融合，旨在全面促进大学生综合素养的提升与发展。实现精准素质教育的前提，在于对教育对象进行深入的理解与精确的定位。回溯中国古代的教育思想，"因材施教"的智慧便凸显了对学生个体差异的尊重及教学策略的个性化调整。霍华德·加德纳提出的"多元智能"理论，则进一步揭示了每个学生独特的智能构成与潜能所在。这要求我们在实施素质教育时，必须紧密结合每位大学生的实际特征与需求，开展具有针对性的教育实践活动。借助人工智能技术的力量，我们能够更精准地分析并把握学生的个性化需求。通过智能化的数据分析与挖掘，我们可以为每位学生量身定制符合其特点的素质教育方案，从而有效提升教育的质量与效果。这样的教育模式，不仅有助于培养学生的社会责任感，更能造就出适应新时代要求、具备全面素养的青年才俊。

精准设定的教育目标必须以对教育对象的精准把握为前提。传统的素质教育，受限于技术水平和设施条件，主要依据年级、专业和班级对教育对象进行分类，却往往忽略了大学生之间的个性差异、特殊需求以及他们状态的动态变化。然而，人工智能技术的引入为全面系统地追踪和分析大学生的生活轨迹提供了极大的便利。这些生活轨迹数据不仅体现了大学生的思想观念、兴趣爱好和情感倾向，更是他们内心世界的真实写照。通过人工智能，我们能够将这些看似零散的数据点连接起来，将历史数据与实时数据、定性分析与定量分析、个体数据与群体数据相结合。经过深入的数据处理和分析，我们可以构建出大学生的数字画像，从而更准确地预测和把握他们的个人特质，实时反映他们的思想变化。这无疑为教育者提供了一个全面、客观且动态的工具，以更好地了解、评价和预测教育对象，进而满足他们不断变化的需求，并制定更为精确的教育目标，实现个性化、差异化和动态化的教育策略。但值得警惕的是，人工智能对世界的认知主要依赖于数据和算法。由于数据本身的结构性限制和有限性，它可能无法完全反映现实的复杂性和多样性。因此，在利用人工智能辅助设定精准教育目标时，我们必须保持审慎和理性，确保其应用保持在合理的范围内。

精准设定教育目标要在总体目标的指导下统筹设定。鉴于个体天赋与潜力的独特性和差异性，采用单一、统一的教育目标显然难以适应所有学生的个性化发展需求。同理，大学阶段作为个体成长与发展的关键节点，其素质教育的实施显得尤为重要。在制定大学生素质教育目标时，我们必须紧密结合高等教育的整体目标任务，同时，在大中小学素质教育一体化的框架下，进行综合规划与考量。根据《关于深化新时代学校思想政治理论课改革创新的若干意见》的指导原则，不同阶段的教育应各有侧重，形成递进式的教育体系：小学阶段应着重培养学生的道德情感与基础素养，初中阶段需进一步夯实学生的思想基础与价值观念，高中阶段则要注重提升学生的政治素养与公民意识。而进入大学阶段，教育的核心应转向增强学生的使命感与担当精神，引导他们坚定信念，紧跟党的步伐，致力于成为合格的社会主义建设者和可靠的接班人。为了实现这一核心目标，我们需要为学生个体精准设定教育目标。这一过程中，既要紧紧围绕培养使命担当这一总体目标，又要充分考虑大学生的群体特性与个体差异，确保教育目标的设定既具有普遍性又具备针对性。以人工智能专业的大学生为例，在设定素质教育目标时，我们应根据该专业的特殊要求及学生的独特特征，进行精准的定位与规划。同时，借助先进的人工智能技术，我们可以对学生的个体特征进行深入的分析与挖掘，从而为他们量身定制符合其特点的素质教育目标，确保教育活动的实施既具有针对性，又富有实效性。这种精准化、个性化的教育模式，不仅有助于更好地满足学生的个性化发展需求，还能最大限度地激发学生的潜能与创造力，为他们的全面发展与成长奠定坚实的基础。

精准设定教育目标要动态推进目标的持续优化。为了有效提升教育质效，我们应当充分利用人工智能技术，深入挖掘并分析学生状态、需求、社交动态及发展趋势等关键信息，从而实现对大学生基本情况的全面、精准把握，为开展针对性素质教育奠定坚实基础。在此过程中，教育者需根据教育进展的实际情况，灵活调整并优化教育目标，确保教育活动的有效性与针对性。教育者的角色应类比于医生，他们需深入掌握大学生素质教育的内在规律，将每位学生视为由多元数据和复杂算法构成的独特个体。通过设定明确的“健康”标准，教育者能够运用精准的诊断方法，无论是通过“化验”式的数据深度分析，还是“透视”般的深层次探究，抑或是“测量”式的量化评估，旨在透过数据表象，准确把握大学生在社会责任素质方面的真实水平与潜在问题。基于此，教育者方能“对症下药”，实现教育目标的精确优化与个性化定制。借助人工智能技术的强大支持，教育者能够更精准地识别大学生思想与行为上的问题所在，深入剖析影响社会责任素质的关键因素，并据此精准匹配相应的教育内容与方法。这些内容以动态和对比的形式展现，有助于教育者全面、动态地了解大学生社会责任素质的发展轨迹与变化趋势。人工智能技术的运用，为大学生提供了一面全景式、精准的“镜子”，真实反映他们的日常行为表现与素质状态。基于这些宝贵的反馈信息与教育要求，素质教育者能够精准设定并动态调整教育目标，以确保教育活动的针对性、实效性与前瞻性。这种以数据为驱动、以学生为中心的精准教育模式，不仅有助于激发大学生的潜能与创造力，更将有力推动大学生素质教育的创新与发展，为培养具备高度社会责任感的新时代青年贡献力量。

## 二、精准匹配教育资源

传统的素质教育，作为工业化时代的产物，呈现出一种“大水漫灌”的标准化教育模式，然而，这种模式的泛泛而教存在着明显的局限性。随着人工智能时代的到来，我们亟需一种更为精细化的教育模式——“精准滴灌”，以实现教育的个性化与高效化。该模式的核心在于以大学生为中心，深入洞察并满足他们独特的成长需求，从而确保每位学生都能接受到恰如其分的素质教育。为实现这一目标，我们必须为大学生提供精准匹配的教育资源，这是素质教育转型的关键所在。此外，我们应当充分利用人工智能的先进技术，为大学生素质教育注入创新活力。这种技术赋能不仅有助于推动教育模式的革新，更能够响应科技强国的国家战略，顺应高校师生对美好生活的向往。面对素质教育的多元场景以及人类社会未来的发展趋势，我们需要积极探索一种虚实结合的新型素质教育形态。这种新形态将深度融合虚拟与现实，为大学生提供更加立体、生动的学习体验，从而更有效地培养他们的社会责任感。通过这样的探索与实践，我们有望为社会培养出更多具备高度责任感的优秀人才。

素质教育面临着优化教育资源供给的迫切需求，这一需求在时空环境快速变迁和教育对象日益多元化的背景下显得尤为突出。传统的单一教育模式已难以适应当前复杂多变的教育环境，因此，我们亟需借助人工智能技术的力量，以实现多种教育形态的有效整合与优化配置。通过这一途径，我们能够更高效地利用有限的素质教育资源，从而显著提升教育的实际成效，促进学生的全面发展。大学生群体因其成长背景、个人经历及受教育程度的显著差异，展现出多样化的思维特征、心理特质以及独特的知识结构和认知框架。正如“春兰秋菊不同时”所寓意的，他们对于教育内容的需求也呈现出多样化的特点。因此，大学生素质教育必须深刻认识到这种差异性，并遵循因材施教的原则，通过综合运用不同的教育形态和方法，有针对性地提供教育内容，以满足学生多样化的学习需求和发展需求。只有这样，我们才能真正实现素质教育的目标，培养出具有创新精神和实践能力的高素质人才。

人工智能重塑教育资源的供应链。传统模式下，教育资源供应链的核心在于确保在恰当的时间与地点为大学生提供适宜的教育资源。然而，步入人工智能时代，社会发展的不确定性和潜在风险对主流意识形态的构建构成了严峻考验。与此同时，大学生对于教育资源的个性化期待也在不断攀升。为应对这一挑战，我们必须充分利用人工智能技术的优势，对教育资源供应链进行深度重塑，以更好地契合社会主流意识形态的构建需求以及大学生个体成长的多元化需求。人工智能能够依据实际需求，自动整合并生成数字化教育资源，实现个性化需求的精准匹配，并根据学生的动态反馈进行及时调整与优化，从而达成精准智能的资源分配。我们的终极目标是实现精准个性化的素质教育，而个性化学习的精髓在于赋予大学生自主设定学习进度的权利，通过差异化的学习路径与现实生活建立紧密联系。在项目化和情境化的问题探究过程中，学生能够构建知识概念和内在关系，实现深度学习的目标。在这一进程中，人工智能技术的支撑作用不可或缺，它不仅能够协助我们设计丰富多样的素质教育活动，还能实时监控教育过程，收集并分析相关数据，提供即时的个性化评估与反馈，并智能推送相关学习资源，助力学生及时查漏补缺，促进他们的个体适应性学习，最终实现素质教育的全面升级。

赋能实现“精准滴灌”。在当前教育转型的关键时期，人工智能正逐步从素质教育改革的外部影响因素，蜕变为驱动系统性变革的核心内生力量。它深度渗透大学生知识获取、自主学习及智能伴学的全过程，实现了教育资源的精细化、个性化供给。同时，人工智能在辅助教师实施差异化教学、强化教学效果及促进协同教学方面，也彰显出精准对接教育资源的卓越效能。利用先进的知识图谱技术，我们能够将素质教育课程细化为更微小的模块，并依据大学生的实际学习状况和教育目标进行灵活组装。这种模块化的课程设计，能够针对不同问题生成多样化的组合方案，精准满足大学生个性化的学习需求。在赋能实践中，我们始终秉持需求导向、实时数据分析与精准资源供给的原则，有效解决了大学生素质教育中的“精准滴灌”难题、分工协调挑战以及结构性优化问题。特别需要强调的是，在素质教育过程中，我们必须对错误思想的精准识别与应对给予高度重视。从认知心理学的视角来看，只有那些能够触动人心、触及敏感神经的思想观念，才能真正引起人们的关注、接受与认同。人工智能作为一种为完成特定任务而精心设计的流程和“规则”①，在推动大学生素质教育深入人心方面发挥了至关重要的作用。通过算法推荐和大数据精准画像技术，我们能够准确把握大学生的需求脉络，预测他们的思想动态和信息需求。在此基础上，结合大学生素质教育的宏伟目标，我们能够精选具有高度针对性的教育内容进行精准推送，从而实现教育内容供求的精准对接。这一转变不仅标志着大学生素质教育从“大水漫灌”式的传统普及教育，向更加精细化、个性化的“精准滴灌”模式迈进，更实现了教育资源的精准匹配和高效利用，为素质教育的未来发展开辟了崭新的道路。

## 三、精准选择教育方法

在人工智能技术蓬勃发展的时代背景下，大学生素质教育面临着强化问题意识的迫切需求，并需紧密契合社会运行所展现的信息化、智能化、多元化、开放性及精准化的发展趋势。为此，教育方法的革新显得尤为重要，其交叉性、综合性、复杂性和精准性必须实现质的飞跃。然而，当前大学生素质教育方法在实践中遭遇了思辨方法与实证方法之间的显著失衡，这一失衡状态在一定程度上阻碍了素质教育的精准化与高效化进程。为了有效破解这一难题，我们必须立足于素质教育的现实土壤，积极采纳探索式、规范式以及批判性提问的多元化方法。具体而言，我们首先应依据丰富的实践经验，精准提炼出具体问题，并借助人工智能的联结主义实证方法，对这些问题进行深入细致的探究；其次，基于坚实的理论框架，提出具有逻辑性的问题，通过人工智能的符号主义规范方法，寻求问题的科学解答；最后，针对主体体验层面的问题，我们应灵活运用人工智能的行为主义方法，进行深入剖析，从而全面提升大学生素质教育方法选择的精准性与实效性。为了进一步提升大学生素质教育的精准度，我们必须聚焦于关键问题的挖掘与提炼。通过历史追溯的方式提出问题，可以深入挖掘问题的历史根源与深层内涵；在比较分析的过程中提出问题，则有助于我们更准确地把握问题的本质与差异，提升问题的针对性与精准度；同时，从主体体验中发掘问题，能够使问题更加贴近实际、贴近生活，增强问题的鲜活度与现实意义。基于这些精准识别的问题，我们可以有的放矢地选择恰当的教育方法，以确保素质教育的有效实施与持续进步。

首先，精准选择面向经验的教育方法。在大学生素质教育的实践探索中，数据作为经验世界的直接反映，必然会催生出海量的信息数据与相应的分析算法。当这些宝贵

① 玛农·奥斯特芬．数据的边界——隐私与个人数据保护 [M]. 曹博，译．上海：上海人民出版社，2020.

的数据与先进的算法被巧妙地应用于教育分析领域时，它们便为教育方法的选择奠定了坚实的科学基础。大学生素质教育的核心使命，在于全面提升每位学生的社会责任素质，而这一宏伟目标的实现，不仅需要对理论层面的深刻剖析，更离不开经验数据的客观验证与支撑。在推进大学生素质教育的进程中，选择基于经验的教育方法显得尤为重要，它是确保教育活动能够精准、高效开展的关键所在。然而，这种选择并非易事，它受到教育对象、教育目标、教育内容以及教育环境等多重因素的共同影响。因此，在甄选人工智能赋能的相关方法时，我们应给予联结主义方法以高度的重视，旨在通过加强深度学习，训练出最适合的算法，从而为经验教育的顺利实施提供有力的支持。人工智能的潜力远不止于此，它还在教育方法的评估与优化方面发挥着举足轻重的作用。随着样本量的不断积累，运行中生成的算法会不断地进行更新与迭代。在这一过程中，我们可以基于丰富的经验，对不同算法进行客观的比较与分析，进而为大学生和教师提供科学、合理的方法选择参考，使教育方法更加符合教育规律，更加科学、有效。

其次，精准选择面向理论的教育方法。在此过程中，我们必须致力于深入、全面且生动地解析理论与原理，确保学生能够准确把握其精髓。在人工智能为大学生素质教育注入新活力的背景下，理论与实践之间形成了一种既相互依存又充满张力的动态关系。为了在这一关系中找到平衡点，我们必须坚定不移地遵循以学生为中心的教育原则，并巧妙地融合人工智能符号主义的相关方法。通过运用严密的逻辑推理，我们可以清晰地勾勒出大学生素质教育的知识图谱，为学生提供一个系统、完整的学习框架。同时，借助智能平台的强大功能，我们可以辅助进行更为复杂、深入的推理过程，进一步提升理论教育的严谨性和深度。为了缩小理论与实践之间的差距，并保持两者之间合理的“度”，我们需要不断深化理论对实践的反思。这意味着我们要打破由实践产生的固有思维模式，使理论更加贴近实践，深入感悟实践的核心意义，从而准确把握问题的本质。在这一过程中，由于理论、对象和场景的差异，我们所选择的教育方法也会有所不同。因此，在人工智能为大学生素质教育赋能的过程中，我们必须基于人工智能对理论、对象和场景的精准分析，精确地选择最适合理论阐释的方法。这样不仅可以充分发挥理论的引领作用，还能用最恰当、最生动的方式将理论阐释得清晰明了，确保学生能够真正理解和掌握所学内容。

最后，精准选择增强体验的教育方法。传统教育模式，根植于旁观者认识论，采用“视觉隐喻”框架，倾向于以静态讲授的方式向学生传递知识，其核心聚焦于“教学机制”。相对而言，实践探究式教育模式则倡导学生的亲身体验，依托“触觉隐喻”模型，强调学生在建构过程中的主动参与，更加重视“学习机制”的构建。在这一转型背景下，人工智能技术的融合为实践探究式素质教育的实施提供了强大的技术支持。赋能过程需实现从机械化“教授”向深度“学习”的根本性转变，通过精确培育大学生的实践智慧，强化实践环节中的价值引领与融入，最终实现“智慧向德行转化”的教育目标。利用人工智能的独特优势，我们能够精确挑选出那些能够显著增强大学生体验性的教育方法。通过整合自然语言处理、视觉识别以及虚拟仿真等前沿技术，并结合人工智能行为主义的相关策略，我们可以极大地丰富学生与人工智能系统的互动体验，在人机交互的情境中创设出更多元、更生动的素质教育场景。这种创新的教育模式不仅能够有效提升学生的实践智慧，还能使他们在互动过程中更深刻地领悟和体验到社会责任的重大意义。通过这种精确选取并强化体验的教育方法，大学生素质教育将变得更加深入、生动且富有成效，有助于培养出既具备高度社会责任感又拥有卓越实践能力的新时代大学生。

## 第三节　树立协同理念

在个体化趋势显著、互联互通日益重要的人工智能时代背景下，大学生素质教育效果的影响因素已悄然发生转变，从以往的内部主导逐渐演变为外部协同占据核心地位。这一变化意味着，要提升大学生素质教育的成效，必须更加倚重外部各要素间的协同合作。我们需要妥善协调素质课程与其他课程体系、理论课程与实践环节、显性知识与隐性教育之间的复杂关系，以期协同推动素质教育的深化与拓展。在实施素质教育的过程中，我们必须精心调适理论与实践、显性与隐性、现实与虚拟、直接与间接、理论小课堂与社会实践大课堂、教师教学引导与学生自主学习等多维度之间的平衡，共同构筑一个以大学生为中心、全方位覆盖的“大思政”教育生态。这一生态的构建，不仅要求我们在教育理念上树立协同合作的新观念，更需要在实践中实现多元教育主体、多样化教育资源、多源数据以及先进智能技术的深度融合与协同。面对新时代的挑战与机遇，大学生素质教育应当从构建社会主义意识形态、提升大学生思想政治素质的战略高度出发，将协同合作的教育理念贯穿于教育教学的全过程。通过深化各要素间的协同作用，我们可以推动素质教育实现高质量发展，为培养具有时代担当、社会责任感和创新能力的新时代大学生提供坚实保障。

### 一、促进多元主体协同

在人工智能时代背景下，信息的传播速度得到了显著提升，同时个体价值的追求也呈现出更为多元化的趋势。这一变革使大学生素质教育的参与主体变得更加多元且复杂。从组织行为学的视角来看，唯有当个体目标与组织目标实现高度一致时，各方才能积极主动地配合，共同推动工作的顺利开展。因此，在素质教育领域，我们需要有效地整合这些多元化的教育主体，将立德树人作为根本出发点和落脚点，化繁为简，寻求广泛共识，同时允许存在一定的差异。通过这种方式，我们可以共同推动素质教育向高质量发展迈进，培养出更具社会责任感的大学生，为社会进步贡献力量。

促进跨时空的多元主体协同。通过构建资源共享的数字化平台，人工智能技术有效地打破了传统时空限制，为来自不同专业、学校及地域的多元主体提供了前所未有的协同合作契机。在此背景下，构建一个高效的赋能机制显得尤为迫切与重要。一方面，我们需构建一套明晰的制度与流程框架，以促进多元主体间的无缝协同。大学生素质教育是一个复杂系统，涉及专业教师、思政教师、辅导员等众多角色，他们之间的紧密配合与协同是确保教育质量的关键。教育的最终成效取决于各主体所形成的协同合力，而每个主体的作用方向与力度都直接关乎教育成果的质量。因此，赋能的核心策略在于，通过智能平台的优化与制度体系的完善，整合并引导各主体的教育方向，汇聚各方力量，共同提升协同育人的效能。另一方面，赋能还需深入挖掘人工智能技术的潜力，构建教学研究共同体，增加团队成员间的互动与交流，从而激发多元主体协同的内在活力，促进教育合力的自然涌现。在此过程中，将人与技术的关系置于核心位置，认识到技术是人类本质力量的延伸与拓展，对技术的研究与应用必须紧密围绕人的需求与发展。为了实现这一目标，赋能不仅需要依托人工智能学、素质教育学的理论指导，还需融合心理学、教育学、语言学等多学科的研究方法，深入探究人机协同中的价值互动机制，以提升素质教育在人机融合关系中的价值引领作用。这要求我们广泛吸纳来自不同学科的人才资源，共同参与赋能进程，从而增强协同攻关的整体实力。总之，赋能必须坚守大学生素质教育的育人使命，以“问题意识”为导向，聚焦关键领域与核心问题，协同多学科力量，在跨界融合中推动大学生素质教育的协同创新与发展。

促进全社会的大协同。大学生素质教育作为一项错综复杂的系统工程，牵涉众多部门与机构，它们各自担当独特角色，并从专业视角出发，共同推动素质教育的深入实施与发展。为了更有效地推进这一工作，我们必须构建一个高效协同的机制，该机制以党委为领导核心，党政共同负责。在实际操作中，这体现为政府、社会与学校之间的紧密合作，学校内部各部门之间的无缝衔接，专业教师与素质教育课程教师之间的协同配合，以及素质教育工作者与授课教师之间的顺畅沟通。在赋能过程中，我们应注重纵向与横向两个维度的协同。纵向协同旨在推动素质教育的一体化发展。素质教育贯穿于人的成长环境的各个层级，包括家庭、学校和社会。随着《关于深化新时代学校思想政治理论课改革创新的若干意见》等相关规章制度的出台，我们进一步明确了各层级的具体职责，并提出了建立健全一体化素质教育机制的要求，以确保素质教育的连贯性和系统性。横向协同则侧重于促进社会多元主体的共同参与。我国通过利用建党日、国庆日、抗日战争胜利纪念日等重要历史节点，举办庆祝大会、全国大学生“同一堂思政大课”等多种形式的活动，系统地开展全国性协同教育活动。这些活动不仅增强了社会的凝聚力，还切实提升了全社会协同育人的成效。在此过程中，人工智能技术的运用为大学生素质教育的纵横协同提供了强大的平台支撑和条件保障。通过智能化的数据分析和管理，我们能够更精确地把握教育需求，优化资源配置，提升教育效果，从而推动大学生素质教育迈向更高的发展水平。

构建大学生素质教育协同共同体。斯图亚特·罗素在其力作《人类兼容：人工智能与控制》中，精辟地阐述了利他性、谦卑性和尽心性这三大核心方法论原则，为素质教育者在新的人机协同共生时代提供了宝贵的行动指南。教育者应以此为指引，强化价值引领，积极补位，并勇于担当，以便更好地适应这一变革。大学生素质教育共同体，是一个在价值观、利益诉求和行动策略上高度协同的集体。其中，价值观和利益的一致性构成了共同体的基础，而行动的一致性则是前两者协同作用的直接体现。在推进大学生素质教育的征途中，教育者、管理者、家长及社会各界需将大学生的全面发展视为衡量自身价值的首要标尺，这也是多元主体共同追求的核心利益。各主体应清晰界定自身的角色与职责，协同实施教育策略，共同促进大学生的个体成长与整体发展。然而，当前大学生素质教育共同体的建设仍处于起步阶段，虽然在理念层面已达成共识，但在制度和利益分配机制的构建上仍需进一步完善。人工智能技术的迅猛发展，为这一共同体的建设提供了强大的平台与支撑。它使得价值共享、利益共担、行为互通成为可能，通过智能化的辅助手段，我们不仅能关注到大学生群体的整体需求，还能精确满足每个个体的特定需求。这有助于构建一个动态、灵活的大学生素质教育责任分担体系，以更好地适应时代的变化和学生的发展需求。因此，大学生素质教育应以大学生的全面发展为统一目标，有效整合校内外各方资源，努力构建一个协同共融、高效运作的育人体系。这一体系的建立，不仅将推动大学生素质教育的深入发展，还将为培养具有时代担当、社会责任感和创新能力的新时代大学生提供坚实的保障。

## 二、促进多种资源协同

“大思政”教育理念的成功实践，标志着思想政治理论小课堂与社会实践大课堂的深度融合与无缝对接。新时代中国特色社会主义的伟大成就、脱贫攻坚战役中的历史性胜利，以及抗击疫情斗争中彰显的制度优势，这些鲜活的实践案例为“大思政”教育提供了丰富多元、生动具体的教学素材。我们应充分挖掘不同课程和资源的独特育人价值，利用人工智能平台的强大技术支撑，最大化地发挥这些优势资源的作用。通过智能化、个性化的教学手段，我们可以更好地服务于立德树人这一教育的根本任务，共同书写好教育这篇宏伟篇章，为培养具有社会责任感、创新精神和实践能力的新时代人才贡献力量。

协同“传统”与“教育”两种育人路径。在培育社会成员的社会意识方面，存在“传统”和“教育”两大路径。传统的大学生素质教育，其根基主要植根于社会与学校的教育土壤之中。而“传统”这一路径，凭借其独特的心理影响机制，能够将抽象的社会意识理论，潜移默化地转化为个体内在的需求、动机与意志，进而深刻塑造个体的行为模式。与“教育”路径相比，“传统”路径的影响不仅范围更为广泛，其深度与持久性也尤为显著。相关调查研究进一步证实了这一点：大学生对中华优秀传统文化的认同感，与其对社会主义核心价值观的认同度之间存在着紧密的正相关关系。具体而言，每当大学生对中华优秀传统文化的价值认同提升一个单位，其对社会主义核心价值观的认同度便会随之提高 0.601 个单位。这一发现无疑凸显了传统文化在大学生价值观念塑造中的不可或缺的作用。为了更有效地整合“传统”与“教育”两大路径的育人优势，我们有必要引入赋能机制，并借助人工智能技术的力量。通过构建学校、社会与家庭之间的有机联系桥梁，我们可以实现家庭教育资源、社会教育资源与学校教育资源的优化配置与高效整合。这一举措将有助于打破当前教育实践中重“教育”而轻“传统”的局限，推动“传统”与“教育”两大路径的协同并进，构建一个更为全面、深入且系统化的育人体系，为培养具有深厚文化底蕴与高尚道德情操的新时代人才奠定坚实基础。

协同线上资源与线下资源。在构建大学生素质教育的资源架构时，我们需全面考量并协同利用线上数字化资源与线下实体资源这两大支柱。线下资源，作为传统教育的基础，又可细分为物质形态与精神文化资源，共同支撑着教育活动的实施。为了推动大学生素质教育的深化进程，我们必须依托人工智能技术的革新力量，实现线上与线下资源的无缝对接与高效融合。在此过程中，对教育资源的质量把控至关重要。针对线上资源中可能存在的低质、劣质内容，我们必须建立严格的筛选与治理机制，以确保教育资源的整体品质。通过这一举措，我们可以将各类优质资源汇聚成一股强大的教育动力，共同推动大学生素质教育的蓬勃发展。当前，以 ChatGPT、腾讯 Dreamwriter、新华社的快笔小新及媒体大脑 MAGIC 为代表的前沿智能技术，正以前所未有的速度推动信息生成与传播的革新。这些信息呈现出数据化、模块化及个性化的新特征，使得智能机器能够全天候、不间断地为用户提供知识服务，耐心解答各类疑问。然而，信息内容的准确性、全面性及价值性仍需依赖人工审核与把控，以确保其质量。这一变革对传统知识传授模式构成了新的挑战，要求素质教育者不仅要具备扎实的理论基础，还需熟练掌握智能技术的实际应用技能。面对这一新形势，素质教育者需不断提升自身的问题洞察能力与批判性思维，以更好地应对信息时代的挑战。

他们不仅要承担起宣传社会主流意识形态的重任，还需致力于培养学生的信息整合与筛选能力。因此，加强对线上资源的审核与价值引导工作，确保这些资源能够沿着积极、健康的方向发展，成为素质教育者不可或缺的重要职责。通过这一努力，我们可以为大学生的全面发展提供有力支持，助力他们成长为具有创新精神和社会责任感的新时代人才。

协同多门学科资源。在探索人工智能与素质教育的深度融合过程中，我们深刻认识到两者均展现出鲜明的跨学科属性，这要求我们在赋能实践中必须促进各学科间的深度协同与整合。人工智能，这一既蕴含深邃哲学思考又极具实用价值的应用科学，其坚实的理论基础得益于物理、计算机科学、控制论、数学及哲学等多学科的交叉融合与支撑。而素质教育，作为人文科学与社会科学的交汇点，广泛汲取了马克思主义理论、政治学、法学、哲学、教育学以及心理学等众多学科的精华。赋能实践，作为一项复杂而系统的工程，离不开马克思主义理论、政治学、法学、哲学、教育学、计算机科学、控制论、数学及物理等多学科的协同合作。在宏观层面，我们需要哲学理论的智慧指引，以确保方向的正确性；在微观层面，则必须依赖于跨学科方法论的坚实基础，以实现具体操作的精准与高效。为了充分发挥人工智能与素质教育的协同优势，我们必须推动两者之间的紧密结合，促进多学科资源的有机融合与共生发展，真正实现跨学科的交叉融合与创新。在此过程中，素质教育应发挥其对赋能过程的价值导向作用，着力提升教育者的智能素养，从而增强其在教育实践中的价值引领能力。针对大学生素质教育，我们应充分利用人工智能技术的先进性与创新性，深入分析和整合多学科育人资源。以素质教育中的核心问题或项目为突破口，有效聚合多学科资源，以形成强大的协同聚合效应。这一举措将为培养具有高度社会责任感、创新精神和实践能力的新时代人才奠定坚实基础，推动教育事业的持续发展与进步。

## 三、促进多源数据协同

数据问题已成为制约人工智能在素质教育领域赋能发展的关键，其突出表现为核心数据的匮乏、数据治理效率低下、数据孤岛现象泛滥以及数据系统功能缺陷等多个维度。这些问题的深层次原因，根植于硬件平台的多样性、开放数据源的广泛性以及“标准化”“领域特定化”需求之间难以调和的冲突。在此背景下，实现多源数据的高效协同合作，成为释放人工智能在大学生素质教育中巨大潜力的核心要素。人工智能凭借其强大的聚合与协同技术特性，能够打破数据孤岛的壁垒，精准捕捉并提取核心数据，进而促进多源数据的深度融合与协同作业。随着人工智能在数据搜索、路径分析算法、数据聚类算法、数据关联分析算法以及数据资源优化分配算法等领域的不断进步，多源数据之间的协同效率与效果正在得到显著提升。这一进程不仅有助于破解当前面临的数据困境，更为大学生素质教育的深度赋能提供了坚实的支撑。通过充分利用人工智能的技术优势，我们可以更好地挖掘和利用多源数据的价值，为素质教育的创新发展注入新的活力，从而培养出更多具备高度社会责任感、创新精神和实践能力的新时代人才。

协同多源数据的聚合共享。素质教育的核心关注点在于现实生活中的个体，这些个体在日常生活多元场景中不断生成海量且多样化的数据信息。这些数据的结构特性和数量规模，对于精准制定并实施有效的素质教育策略具有至关重要的影响。人工智能技术在大学生素质教育领域的融入，实质上构建了一个涵盖多层面互动与多主体协同的复杂系统工程。在此框架下，人工智能与大学生素质教育共同致力于回应时代变迁的挑战，解答时代提出的难题，共享着一致的目标愿景。为了实现这一目标同构，首要任务是确保信息的对称性，而这一目标的实现则奠基于多源数据的共享之上。多元主体间实现多源数据的共享与整合，不仅能够促进信息的对称流通，还能够加深各主体间的信任基础，进而全面提升大学生素质教育的整体效果与效率。值得注意的是，数据的共享过程必须在正确的价值观导向下进行，以确保其正向作用。人工智能平台为数据的共享提供了实践舞台，它使得多源数据得以汇聚一堂，赋能各主体获取对称信息，从而增强他们行动的自觉性与目标针对性。一般而言，只有当某事物从“可接触”状态转变为“已掌握”状态时，它才会真正吸引人们的注意并激发深入研究。因此，多源数据的协同共享，正是将数据转变为多元主体的“已掌握”状态，这一转变无疑将极大促进各主体间的协同合作，为素质教育的深入发展注入强劲动力。

协同多源数据精准施策。多源数据不仅极大地拓宽了我们的认知边界，更为实现大学生素质教育的精细化与准确性提供了强有力的支撑。在推进大学生素质教育的实践中，我们应采纳关联性思维，深入挖掘潜藏的根本性问题，并站在全局的高度，审视这些核心挑战。我们应避免局限于孤立的情境或单一事件，而是应将这些元素置于更宽泛的系统框架之中，借助多源数据的内在关联性进行深入剖析，并在多方协同的基础上探索解决方案。人工智能在赋能大学生素质教育方面，通过协同多源数据，展现出了双重的重要意义。首先，它推动了精准教学的实现。通过融合多源数据并优化人工智能算法，我们能够显著提升大学生素质教育的现代化水平。多源数据的引入，使我们能够更精确地捕捉教育过程中的问题与规律，从而清晰、全面地揭示教育的盲点与薄弱环节。此外，人工智能与多源数据的结合，还实现了对教育对象的精确识别、信息的个性化推送、教育过程的精细调控以及教育效果的准确评估。其次，多源数据的协同也极大地促进了大学生个体的精准学习。借助数据与算法的力量，原本模糊不清的素质教育活动得以清晰呈现，为大学生的精准学习与自我提升提供了坚实的数据基础。在赋能过程中，我们应充分发挥人工智能的优势，结合多源数据深入洞察教育发展的大趋势，并准确把握每个个体的实际情况与需求，以便为其量身打造个性化的教育方案。这一举措将显著增强大学生素质教育的针对性与实效性，助力培养更多具备高度社会责任感、创新精神和实践能力的新时代人才。

协同多源数据生成数字孪生体。在未来教育中，每位大学生都将被赋予一个专属的数字孪生体，这一创新构想旨在通过人工智能的高效数据处理能力，实现对学生个体状态的全面、动态映射。这些数字孪生体不仅能够实时捕获并传输多维度数据，还具备数据反馈、校正及迭代的动态机制，从而构筑起一个精确反映学生个体实际情况的数据生态系统。然而，在推进这一技术愿景的过程中，我们必须保持清醒的认知：尽管人工智能在诸多领域展现出卓越的性能，但在模拟人类意识这一复杂领域，它仍面临着难以逾越的局限性。以数学问题解决为例，人工智能偶尔的失利并非缘于计算能力的匮乏，而是其深刻理解文字信息、挖掘题目隐含条件的能力存在显著短板。这些隐含条件的识别是解题过程顺利推进的关键，而人工智能在此方面的不足，凸显了其与人类智能之间的差距。为了应对这一挑战，科研界推出了超大型神经网络模型Codex，作为一种先进的翻译工具，它通过海量代码的训练，已经能够解读人类语言、把握其语义精髓，有效筛选解题相关信息，并深入挖掘语境背后的隐含条件，最终以编程语言的形式进行表达。尽管如此，Codex 仍未能触及人类情感模拟与价值判断的领域，这再次印证了人工智能在模拟人类全面智能方面的局限性。从哲学的高度审视，即便我们采用基于神经网络算法的视角进行分析，也会发现，无论神经网络算法的复杂程度如何提升，其与人脑的复杂性与精妙性相比，仍相形见绌。在理解人类语言的深度与广度上，人工智能同样难以企及人类的熟练水平。因此，尽管随着技术的持续进步与多源数据的不断融入，数字孪生体将日益逼近真实大学生的状态，但我们必须清晰地认识到，它终究无法完全等同于一个真正的“大学生”。这一认识不仅是对技术局限性的正视，更是对未来教育技术创新方向的深刻洞察。

## 第四节　树立融合理念

在当今时代，以制造业为典型代表的“物理世界”与以人工智能为引领的“数字世界”，正同以“道德价值”为核心的“精神世界”发生深刻交汇，共同塑造出一个融合共生、全新维度的空间形态。在人工智能赋能大学生素质教育的实践中，我们同样需要树立融合理念。在空间界域上，应推动虚拟与现实的深度融合，打破传统界限；在教育方式上，应促进大学与社会的紧密融合，实现知识与实践的有机结合；在学科领域上，应推动人工智能学科与素质教育学科的交叉融合，形成新的学科增长点；在实现方式上，则应注重统筹谋划与循序渐进的融合，确保融合过程的科学性与有效性。通过这些努力，我们可以更好地发挥人工智能在大学生素质教育中的赋能作用，培养出更多适应时代发展需求的高素质人才。

## 一、虚拟空间与现实空间相融合

大学生素质教育长久以来面临着虚拟空间与现实空间相互割裂的重大挑战。然而，随着人工智能技术的持续飞跃，一系列前沿技术，包括多模态分析、知识图谱构建、智能推荐系统以及高级人机交互等，为这两个空间的深度融合开辟了全新的路径与可能性。

元宇宙作为数字化与智能化深度交融的里程碑式产物，预示着一个虚实交融、全新的人类社会纪元即将到来。在“元宇宙”中，虚拟与现实将实现前所未有的高度整合，构建一个全新的融合场域。在此场域中，人、物以及人与人之间的互动将达到前所未有的无缝衔接，实现跨界融合的新高度。元宇宙将以可交互、可视化的方式呈现各类教育资源，为大学生带来前所未有的沉浸式教育体验。通过与个人数字孪生体的深度融合，大学生将能够身临其境地体验各种教育情境，从而极大地提升素质教育的实效性与吸引力。这一融合不仅有助于打破虚拟与现实之间的壁垒，还将为大学生素质教育开辟一个全新的、充满无限可能的发展空间。

人工智能技术的迅猛发展，显著地缩短了虚拟空间与现实空间之间的距离，尤其在大学生素质教育领域展现出了巨大的潜力。通过构筑一个实时交互的虚拟智媒环境，人工智能技术为主体、客体、介体及环体之间的深层次互动提供了前所未有的可能性。此技术的融入，不仅跨越了文化、历史与地理的界限，还促进了全新联系与意义的构建，有效地解决了传统素质教育中普遍存在的“时间滞后”与“空间隔离”问题，实现了多教育主体的“共存”与高效协同。在人工智能的赋能下，虚拟空间在依托互联网、虚拟现实及大数据技术的基础上，其动态临场感与即时交互性得到了显著提升。通过实施实名制活动，虚拟空间在一定程度上被赋予了现实场域的规范性与约束性，这有效地抑制了传统虚拟环境中常见的非理性表达与无序情绪宣泄，从而极大地拉近了虚拟与现实的空间距离。此外，人工智能技术还助力打造了智慧教室、智能管理系统及课堂互动等一系列先进的软硬件教学环境。这些创新举措使得线上教学也能具备线下教学的“仪式感”，进而形成了一个线上线下深度融合、智慧型与泛在型并存的全新学习空间。现在，素质课教师可以利用自动录制与上传功能，轻松实现不同学校间的素质课程同步教学。这种虚实融合的教学模式正逐渐成为教育领域的新常态，并将进一步推动优质教育资源的广泛共享与高效利用。

人工智能驱动现实空间与虚拟空间全方位融合。人工智能正深刻推动现实空间与虚拟空间在多个层面的全面融合。在教育环境的重塑上，我们需充分利用人工智能的潜力，打破物理与数字教育空间的界限，构建一个人机交互、无缝衔接的素质教育新生态，推动教育向泛在化方向迈进。在教育资源的配置上，我们应着手建立线上线下深度融合、虚实相生的数字化素质教育资源库，旨在丰富教育内容，提升教育资源的多样性与可获取性。在教育方法的革新上，推广融合现实与虚拟空间的教学策略显得尤为重要，这不仅能够增强教学的互动性与沉浸感，还能显著提升教学效果。而在教育评价体系的完善上，我们可以依托智能技术，实现评价过程的实时化与精确化，使评价更加科学、客观且有效。在教师队伍的建设上，我们倡导实施“人工智能 + 人类智能”的双师教育模式，通过人机协同教学，培育出既掌握先进技术又具备高素养的教学团队，以满足人工智能时代对教育的全新需求。展望未来，人工智能技术将为我们提供整合大学生在多元空间中的学习活动的新途径，这些活动往往具有多样化、分散化、碎片化及间断性的特点。通过智能技术的整合，我们将能够最大化地提升大学生素质教育的整体效能，实现教育质量的飞跃。在这一全方位融合的过程中，基础平台的建设与运维起着举足轻重的作用。随着智能技术的不断渗透，技术平台正逐步向虚拟化方向发展，为人们带来了“去中介化”的崭新体验。这种虚拟平台的地位日益重要，它已成为一种新兴的权力载体。因此，平台的控制权直接关乎话语权的分配。在大学生素质教育的实践中，我们必须确保融合平台的控制权牢牢掌握在人民手中，以防范技术异化带来的风险，避免虚拟世界对现实世界的过度干预与控制。只有这样，我们才能保障教育的公正性与有效性，推动大学生素质教育向更高层次发展。

虚拟空间与现实空间融合过程中要以大学生体验为中心。赋能过程需深刻洞察并紧密围绕个体的实际体验、主观感受及情感需求展开，以此为基石，积极增强大学生素质教育的意识形态构建效能。传统的大学生素质教育往往偏重理论演绎与经验归纳，而当前的赋能实践则依托于精确的数据分析、科学的算法框架以及虚实交融的技术创新，为大学生带来涵盖视觉、听觉乃至触觉的全方位、沉浸式教育体验。这种赋能模式不仅激活了传统教育方式的积极效能，还有效克服了其内在的不适应性，从而深化了大学生对思想观念、政治观点及道德规范的认同与理解。在赋能过程中，我们需维持技术逻辑与价值引领之间的精妙平衡，确保技术服务于大学生的成长需求，避免个体被动适应技术。同时，赋能过程中应高度警觉人工智能及其应用可能遮蔽的大学生素质教育的人文精神。我们必须坚定以学生为中心的理念，推进赋能工作。这既要求我们通过数据解析、智能推演及平台支持等手段，对大学生素质教育的各要素及其内在结构进行重塑，也要求我们强化价值引领，严防在人工智能技术的应用中，社会主流意识形态被削弱或边缘化。若赋能过程中忽视了对人工智能的价值引领，陷入脱离价值约束的“技术至上论”，则将削弱大学生素质教育的核心价值，且无法满足大学生全面发展的深层次需求。因此，在推进技术赋能的同时，我们必须坚守人文关怀和价值导向，确保大学生素质教育在技术与价值的双重滋养下，实现更深层次、更全面的发展。

## 二、大学教育与社会生活相融合

长期以来，大学生素质教育受制于传统观念、技术局限以及制度框架的约束，面临着与社会公共生活严重脱节的问题。在此背景下，大学生的生活体验、实践机遇以及思维方式大多被禁锢于校园、课程和教材的狭窄范围内，缺乏与广阔社会共同体及丰富社会实践的有效沟通与互动。然而，大学生素质教育的本质并非孤立、割裂的知识探求，而是应当与社会公共生活空间紧密相连，形成有机的整体。只有将大学生置身于公共生活的实践洪流中，他们才能深切理解人与人、人与社会以及人与群体之间错综复杂的关系，进而提升个人的道德伦理素养。大学教育的构建基石深深植根于社会结构之中，而当前的人工智能革命正在对这一基石产生深远的影响。随着人工智能技术的飞速进步，社会结构正逐步向扁平化、交互性强的平台化方向转型。这一历史性的变革不可避免地冲击着大学教育的传统结构，促使其必须紧跟时代步伐，做出相应的调整与革新。展望未来，大学教育与社会生活的深度融合将成为大学生素质教育发展的必然趋势。这一变革不仅有助于弥补传统教育的诸多不足，更将为培养具有高度社会责任感和实践能力的优秀人才提供坚实的支撑。

大学教育与社会生活相融合是素质教育生活化的必然要求。动物的存在主要体现为“生存”，而人类则在此基础上跃升至“生活”的更高境界。生存，作为受自然法则驱动的活动，主要满足于生理需求的层面；相比之下，生活则是人类基于实践活动的独特生命展现，它彰显了人的自我塑造与不断发展的潜能。唯有在生活这一广阔舞台上，个体方能深刻理解自身作为人类的独特价值与使命。通过生活中的“感性活动”，人们不仅改造着世界，更在这一过程中揭示了自身的实践本质，发掘出自我与他人的差异，从而凸显个体的主体性，并深刻体验到人与人之间的共生共荣。理性主义教育观将教育视为知识获取与应用的过程，认为认知提升与知识掌握是通往有意义生活的关键。然而，这一观点存在明显的局限性，它忽视了生活实践中道德现象与道德本身的至关重要性。道德的意义并非孤立存在，也无法在超感性的世界中寻得，而必须深深植根于生活实践之中，通过实践去体悟与彰显。因此，大学生素质教育的生活化转型，必然要求大学教育与社会生活实现深度的融合与互动。随着人工智能技术的不断渗透与融合，大学生素质教育应紧抓这一历史机遇，紧密联系实际生活，在生活中发挥对人工智能健康发展的价值引领作用。简而言之，大学生素质教育不应割裂于现实生活之外，而应深深融入社会实践的洪流之中，通过实践实现精神与价值的双重提升。这既是素质教育生活化的必然要求，也是时代赋予我们的历史使命。

大学教育与社会生活的深度融合，是响应“大思政”格局需求的必然路径。在“大思政”的教育理念框架下，大学教育与社会生活的紧密结合被赋予了新的时代使命。素质教育不仅要紧密聚焦核心议题，服务于国家整体发展战略，更需具备高度的灵活性与适应性，能够敏锐捕捉时代变迁的脉搏，积极策划、迅速响应，并在创新中不断前行。这一进程要求教育内容必须紧跟时代步伐，根据实际情况进行动态调整，确保教育的新颖性和实效性，从而推动实现全员参与、全过程覆盖、全方位渗透的育人目标。传统素质教育往往局限于专业领域之内，但如今其内涵与外延已得到极大拓展，上升为党和国家治理层面的重要工具。这不再是一项孤立的教育任务，而是需要全社会齐心协力、共同推进的系统工程。“融入式、嵌入式、渗入式”素质教育模式，深刻揭示了立德树人协同效应的核心价值，并为这一新模式的全面实施提供了理论指导。要实现“大思政”的宏大格局，既需要不断提升教育专业水平，也离不开社会各界的广泛参与和支持。特别是人工智能技术的融入，为大学生素质教育提供了前所未有的机遇。人工智能技术能够深入渗透到社会生活的各个层面，推动素质教育实现全社会、全方位的覆盖，从而构建起一个全社会共同参与、协同推进的“大思政”教育体系。素质教育与人工智能在跨越时空方面展现出天然的契合性。教育内容不仅要关注学生的日常生活体验，更要穿越时空的界限，讲述历史人物与事件，体现人的现实性与历史性的有机统一。同时，它还要深入探讨个体生活与民族、国家、社会乃至人类生存发展的内在联系，彰显人的个体性与社会性的和谐共生。人工智能通过数据化处理实现了时空的压缩与融合，使得历史与现实、个体与社会得以在教育中实现无缝对接，为大学生提供了更加广阔的时间和空间自由，为构建“大思政”格局创造了有利条件，进一步推动了学校教育与社会生活的深度融合。

人工智能正驱动着大学教育与社会生活实现全面而深入的链接。其对教育的形态、参与主体以及制度框架产生了革命性的影响，有力地促进了大学教育与社会之间的无缝对接与深度融合。从教育形态角度来看，信息化教育、互联网教育、人工智能教育以及物联网教育的蓬勃发展，极大地增强了大学教育与社会生活的交织与融合。这些新兴的教育形态不仅打破了传统教育的时空限制，还为学生提供了更加丰富多样的学习资源和实践机会，使得大学教育更加贴近社会生活的实际需求。在教育主体的层面上，教育者、学生与社会的互动与协作日益紧密。学生在虚拟或现实的社会环境中度过的时间越来越多，这要求大学教育必须更加注重社会实践和实际应用，同时也需要社会各界的广泛参与和支持。人机交互已成为学生学习的新常态，学校也逐渐转型为一个万物互联、开放共享的新型社会组织，其边界和外延得到了前所未有的拓展和延伸。再来看教育制度的变化，大学教育的范围正在不断拓宽，其制度体系也正逐步向更加灵活、多回路的网络式结构转变。正式制度与非正式制度的相互交融，共同构建了一个崭新且富有活力的制度体系。在这一体系下，大学生素质教育的学科体系、教材体系、教学体系以及管理体系都与社会生活紧密相连，实现了高度的融合与协同。这些深刻的变革共同推动大学逐渐成为一个社会资源的高效聚合平台，不仅为学生的学习和成长提供了更加广阔的空间和机会，还为社会的发展和进步注入了新的活力和动力。

## 三、统筹谋划与循序渐进相融合

从组织实施的角度来看，人工智能赋能大学生素质教育这一系统工程既复杂又长期。鉴于人工智能技术本身的迅速发展和持续迭代，赋能过程并非一蹴而就，难以仅凭“一张蓝图”贯穿始终。因此，在实施过程中，我们必须不断地进行统筹谋划，确保各项工作的有序推进，同时注重循序渐进，将统筹谋划与循序渐进紧密结合，以确保整个赋能过程的顺利进行。

赋能要借鉴分析成熟度模型统筹规划。分析成熟度模型提供了一个不可或缺的业界基准与理论指导。此模型，作为广受认可的技术实践框架，细致地将人工智能的成熟度划分为五个递进的层次，每一层次均深刻揭示了人工智能在不同发展阶段的独特应用特征与核心价值。首要的“意识”层次，标志着人工智能理念的萌芽，此阶段人们尚处于对 AI 理论与概念性探讨的初级阶段，尚未涉足实际应用。紧接着的“活跃”层次，见证了人们对人工智能的非正式探索与实验，旨在挖掘其潜在效能与可能性。进入“运营”层次，机器学习技术开始被正式整合进日常业务流程中，人工智能基础设施的构建被提上议程，标志着信息处理领域对机器学习技术的依赖日益加深。随后的“系统”层次，则是以稳固的机器学习基础设施为核心，为人工智能的广泛应用与深化发展奠定了坚实的基础。而最终的“转型”层次，则预示着人工智能已深度渗透至信息处理与决策制定的核心环节，为企业运营与社会进步带来了实质性的变革与价值创造。以分析成熟度模型为镜鉴，我们可以为人工智能在大学生素质教育中的赋能构建一个系统性的参考架构。通过精确标定当前赋能进程在分析成熟度模型中的坐标，我们能够明确人工智能应用的关注焦点，并通过深入的剖析与沟通协作，推动赋能工作向更高层次跃迁。在具体实施路径上，第一阶段应着重于培育对人工智能战略价值的认知，同时鼓励一批对 AI 充满热情的素质教育工作者率先开展初步的探索与应用尝试。第二阶段，随着工作的逐步深化，建立人工智能实验室成为关键举措，通过实验室平台进行 AI 技术的试验与验证，尤其是数据中心的构建，将为后续的大规模应用提供坚实的支撑。第三阶段，成立人工智能卓越中心成为重中之重，旨在加速人工智能与素质教育的深度融合，推动教育平台的创新升级与智能化转型。第四阶段，作为高级发展阶段，构建混合型人工智能组织成为必然趋势，此时的人工智能已全面渗透至教育的各个领域，不仅重塑了教育者与受教育者的角色定位，更要求对人工智能的伦理规范与社会风险进行严密的监控与管理。第五阶段，是实现人机交互的无缝融合，人工智能将深度融入大学生素质教育的每一个细微环节，达成教育与技术的完美统一，开启智能教育的新纪元。

在推动人工智能赋能大学生素质教育的进程中，必须秉持统筹规划与循序渐进的核心原则。这一进程要求将全局规划与分阶段实施紧密结合，以确保转型之路既稳健又高效。素质教育的数字化转型是一项复杂而系统的工程，它要求在整体规划的指引下，有条不紊地推进，同时根据不同类型的教育需求进行个性化指导，并通过试点项目不断探索与优化实施路径。鉴于社会主流意识形态与个体社会责任素质的形成与发展均遵循特定的内在规律，要实现卓越的素质教育成效，就必须深入理解和把握这些规律。在人工智能赋能的实践中，我们应紧密围绕这些规律，精准把控实施的时机、节奏与强度，确保每一步都稳扎稳打，循序渐进。这里的“序”不仅强调了赋能过程应有的逻辑性和条理性，更体现了对社会主流价值观及大学生社会责任素质培养规律的深刻尊重与遵循。历史教训告诫我们，信息技术的快速发展若缺乏顶层设计，极易导致技术滥用和伦理安全问题，给社会带来不可估量的负面影响。因此，在人工智能赋能大学生素质教育的创新实践中，我们不能急功近利，而应根据人工智能技术的实际发展阶段，适时、适度地推动其与素质教育的深度融合。在基础设施建设层面，同样需要坚持统筹规划与分步实施的原则，特别是针对人工智能对算力的高度依赖，我们必须加快网络基础设施的升级与改造步伐，努力打造高水平的数字中心，为人工智能的广泛应用提供坚实支撑。此外，赋能过程中必须始终牢固树立国家安全观念，将人工智能纳入数据安全法的监管范畴，严密防范数据、算法的跨境流动风险，以及数据霸权、境外恶意攻击等潜在威胁。对于任何违反法律法规的行为，我们都应依法对相关责任主体进行严肃处理，以确保人工智能赋能大学生素质教育的过程安全可控，为培养具有社会责任感和高素质的人才贡献力量。

在大学生素质教育的广阔舞台上，人工智能不仅构成了不可或缺的实践背景，还扮演着至关重要的技术工具角色，它既是潜藏的风险与挑战，也蕴含着前所未有的发展机遇。一方面，通过人工智能的精准应用，我们能够深入洞察教育对象的思想动态，从而显著提升素质教育的精准度与针对性。同时，人工智能还极大地拓展了教育的时空维度，为素质教育的创新与发展开辟了广阔的空间。另一方面，人工智能在实际操作中也引发了一系列复杂问题，包括隐私保护的困境、意识形态安全的隐患、教育关系的数据化倾向，以及个体主体性的潜在迷失等。因此，我们必须以辩证的眼光审视人工智能在赋能大学生素质教育中的双重作用，既要看到其显性的推动力，也要警惕其隐性的风险。为了合理划定人工智能与大学生素质教育相结合的边界和适用范围，我们必须秉持价值理性的原则，并加强对技术的监管力度。我们的目标是实现人类主体能动性与人工智能智慧性的优势互补，探索教育与技术的和谐共生之道，从而催生出大学生素质教育的智能新形态。正如管理学大师彼得·德鲁克所深刻指出的，某一知识领域的最大变革往往源自外部力量的推动。尽管人工智能已经在素质教育领域产生了深远的影响，但与金融、医疗和商业等领域的广泛应用相比，其在教育领域的赋能仍有巨大的提升空间。在商业领域，经济学家们发现，仅仅将人工智能用于自动化现有流程和技术，往往会导致成本远超其贡献。而唯有通过人工智能推动结构创新和业务流程的重构，才能实现生产效率的显著提升。尽管人工智能面临诸多问题和挑战，但其在现代社会中的不可或缺性已经越发凸显。因此，我们必须有意识地打破传统素质教育观念的束缚，加大对人工智能新技术的研究和应用力度。在推进赋能的过程中，我们应始终坚守素质教育的核心价值，即传播社会主流意识形态，并朝着多元化、个性化的方向不断丰富素质教育资源的供给。在教学手段上，我们需要将人工智能深度融入教学、管理、资源和服务等各个环节，开发出智能在线学习平台，利用智能学习助理辅助大学生的学习，并为教师提供全面的数据分析支持。此外，在素质教育的管理层面，我们也应积极推动管理模式从传统的机械式整齐划一管理向更为个性化、精准的管理方式转变，以实现大学生素质教育的全面升级与革新。

在教育改革的浪潮中，理念作为行动的灯塔，对人工智能赋能大学生素质教育的进程起到了重要的引领作用，催生了一场教育理念的深刻变革。深入剖析这一赋能理念，对于确保赋能实践的稳健推进与高效实施具有不可估量的价值。通过对赋能结构的细致功能分析，我们清晰地认识到，赋能实践必须紧密围绕问题导向展开。在主体适应性层面，大学生素质教育应秉持共生理念，通过调整与优化其适应机制，以更好地适应数字化时代的教育需求。这一目标要求我们在教育过程中，注重培养学生的共生意识，使他们能够在数字环境中与人工智能和谐共生，实现人机交互的共融情景，以及师生间的共同成长。在目标精准性方面，精准理念的树立是确保教育目标高效达成的关键。我们需要精确设定教育目标，确保教育资源的精准匹配，精心选择教育方法，并严格把控赋能的边界与深度，以实现教育效果的最大化。在平台构建环节，协同理念的发挥至关重要。通过采纳协同理念，我们能够促进多元主体、多样化资源、多源数据以及多项智能技术之间的有效协同，从而完善平台的整合功能，提升教育服务的整体效能。而在生态治理领域，融合理念则成为维系和提升教育模式持久性的核心。我们应致力于实现虚拟与现实、大学教育与社会实践、智能学科与素质学科的深度融合，以及统筹规划与循序渐进的有机结合，以构建一个健康、可持续的教育生态系统。理念是赋能实践的“道”，它为“法”与“术”的创新提供了根本性的指导。在数字化时代的大背景下，我们必须坚定不移地树立共生、精准、协同与融合理念，通过践行这些理念，开启大学生素质教育的新篇章，为培养具有创新精神和社会责任感的高素质人才奠定坚实的基础。

# 第六章　人工智能时代大学生素质教育的实践路径

尽管人工智能在推动大学生素质教育方面遭遇了一定的挑战，但借助人工智能实现大学生素质教育的创新发展，已然成为当下时代的迫切需求。为了克服这些挑战，并推动人工智能在大学生素质教育中的有效应用，我们必须深入探讨并实践人工智能赋能大学生素质教育的创新路径，以此来切实提升大学生素质教育的实际效果。这不仅有助于我们更好地利用人工智能技术，还能为培养具有高度社会责任感的大学生提供有力支持。

## 第一节　强化人工智能赋能大学生素质教育的过程

素质教育过程本质上是一个由教育者与受教育者（教育主体与客体）共同参与、有明确目标的互动过程。在人工智能融入素质教育后，这一过程引发了显著变化，特别是在大学生素质教育的主客体关系上。现在，人机协同已成为新的教育主体特征，而这种变化也带来了一系列新的挑战。具体而言，由于人工智能的介入，传统的教育主体的主导性和权威性受到了一定程度的冲击。同时，大学生的主体性在某种程度上也已被削弱，因为他们更多地依赖于智能系统提供的信息和指导。为了解决这些问题，并确保素质教育的有效性，我们需要进一步强化人工智能在大学生素质教育中的作用。这不仅要求提升教育者和受教育者的智能素养，使他们能够更好地理解和运用人工智能技术，还要求我们在教育过程中更加注重人机交互的协同性，确保教育主体与客体之间的有效沟通与互动。通过这样的方式，我们可以充分发挥人工智能在素质教育中的潜力，同时保持和提升教育主体的主导性与大学生的主体性。

### 一、提升大学生素质教育主体的智能化素养

大学生素质教育工作者应成为引领素质教育价值导向的“破局者”，并要认真学习先进的人工智能知识和相关理论，以利于提高自身的智能化素养。

### （一）制定智能化素养标准，树立智能教育理念

智能化素养是建立在深厚的智能知识文化基础之上，通过培养精湛的智能技术素养，进而构筑起支持终身发展的综合素养。它强调协同素养、思维素养及人文素养的深度融合。在大学生素质教育领域，教育主体的智能素养特指他们应能够熟练运用计算机、多媒体及信息技术，在人机高度协同的基础上进行智能化的素质教育教学、内容创新、交流合作、安全风险评估，以及深入的伦理反思。随着人工智能技术的突飞猛进，教育领域正经历着前所未有的变革，这一变革同样深刻影响着素质教育的实施方式。鉴于此，大学生素质教育者亟需积极提升自身的智能化素养，着力培养计算思维与创新思维。这不仅要精通各类智能工具的应用，还需具备对这些工具的批判性认识，不断更新教育观念，革新教学方法，以主动适应新的教育生态。此外，教育者还应全面审视自身的角色定位以及所需的能力素养，以人文素养为引领，深入探索人工智能技术的内涵与价值，从而树立正确的技术价值观，避免盲目追随或滥用人工智能技术。

在人工智能赋能大学生素质教育的过程中，我们必须顺应教育发展的时代潮流，确立起针对素质教育者的智能素养标准，并倡导智能化的教育理念。通过正确的引导，使人工智能技术能够在大学生素质教育中发挥积极作用。鉴于素质教育者的思维理念对教育效果起着决定性作用，因此，提升他们的智能素养显得尤为重要。教育者应深入了解并掌握人工智能的核心知识，努力培养自身的智能教育素养，增强智能意识，以便更好地处理人与技术的互动关系，提升人机协作的效能，从而适应人工智能环境下的人机交互素质教育新生态。

### （二）适应人工智能环境，实现人机协同主体

在人工智能时代，素质教育的主体不仅需要具备深厚的理论素养，还应在推动人工智能与素质教育工作深度融合的过程中，着力培育人机协作教学的能力。随着人工智能技术在教育领域的广泛应用，部分传统教育岗位可能会受到影响，但同时也会催生新的就业机会。高等院校可借助人工智能与大数据技术，构建学生信息数据库，以便协助素质教育者更好地适应人工智能环境，从而有效履行立德树人的根本任务。

人工智能在赋能大学生素质教育时，展现出人机协同的主体特征。因此，素质教育者需不断提升自身的技术水平和应用能力，利用人工智能技术营造一个智能化的育人环境。通过智慧素质平台、云思政等先进工具，教育者可实时、动态、直观地监测学生的学习状况，并据此调整教学策略，以主动适应人工智能时代的教育环境。在坚守素质教育基本规律的前提下，教育者应善用人工智能技术替代繁重的机械性工作，同时保持自身的主导性，不被技术所左右，实现真正的人机协同，投身于更有意义的

教学活动之中。当前，“云思政”等新型教育模式正在各地逐步推广，人机协作的教育形式将长期贯穿于素质教育之中，从而显著提升教育的引领功能，优化育人效果。实现人机协同教学，对教育者的教学胜任力提出了更高要求，同时也为其角色适应与职业发展指明了方向。教育者应转变传统的教育观念和思维模式，积极拥抱新技术。他们需要主动学习并掌握人机协同的相关技术与设备操作，学会在技术赋权与价值选择之间找到平衡，以不断提升自身的认知水平和能力阈值。在充分利用自身经验和知识储备的基础上，审视并应用人工智能技术，以构建和谐的人机协同关系。

#### （三）开展人工智能培训活动，提高技术应用能力

鉴于传统的灌输式教学方式已无法满足当代大学生跨学科、多元化的学习需求，教育部在《高等学校人工智能创新行动计划》中明确提出了培养教师掌握人工智能相关知识和技能，以及增强其实施智能教育的能力。为此，高校需全面建设集成化智能教育基地，重视并提升教师的智能素养。通过校内外的合作与交流，定期举办素质教育者智能素养学术研讨会，同时以考核评价为驱动，激发教师提升自身智能素养的积极性。在高校开展的人工智能培训活动中，应以提高素质教育者的智能化操作能力与素养为核心目标。可以邀请人工智能领域的专家，就智慧化教学手段、自主化学习平台的使用以及数据管理的协同机制进行深入交流和讲解，以此确保培训内容的前沿性和实用性。

此外，应鼓励高校为素质教育主体开设人工智能相关课程，并加强对其操作技能的培训，使他们能够熟练掌握并应用人工智能技术，将其合理地融入日常教学中。通过设计和实施人工智能应用实操项目，并展示实际成果，将其纳入教师评优评先的考量范围，从而激励素质教育者积极参与技术培训，提高其对人工智能应用的熟练程度。高校还可以开设专门的智能素养提升课程，邀请行业专家进行授课，或借鉴国外智能教育的成功经验，以推动智能素质教育领域的专业化和专家化发展。对于素质教育者而言，要提升教学能力，就必须树立智能教育的理念，强化核心素养，保持清晰的主体意识，这样才能有效提高学生的智能素养和教学的智能化水平。要构建高校智慧学习的新模式，就需要在实践中不断提升素质教育者熟练运用设备的能力，让他们真切感受到人工智能技术带来的便捷和高效。这样不仅能增加教师使用智能技术的频率，还能促进人工智能技术在教学实践中的广泛应用。

### 二、提升大学生素质教育客体的智能素养

在人工智能的支撑下，大学生素质教育迎来了新的挑战与机遇。作为教育的客体，大学生们必须熟练掌握人机协作的学习模式，并能够适应日益普遍的智能化学习环境。提高这些学生的智能素养，成为激发他们主体性、增强学习效果的关键所在。为此，

高等院校应积极利用人工智能、大数据等尖端技术，有针对性地引导和培育学生的智能素养，使他们能够充分利用人工智能技术辅助学习，进而在素质教育中发挥更加积极、主动的作用。

**（一）培养智能意识，提高信息甄别能力**

大学生智能素养，指的是在人工智能时代背景下，大学生在认知、创新、沟通、协作等多个维度所展现出的综合素养。展望未来，大学生不仅将与素质教育者进行传统的教与学互动，更将在智能学习伴侣、个性化智能教学机器的助力下，实现自主学习的目标。因此，顺应智能化时代的发展潮流，积极培育大学生的智能意识并提升其智能素养，将帮助他们更高效地利用智能化平台，从而更好地融入这个日新月异的时代。通过培养智能意识，大学生能够更便捷地获取信息，科学地解读信息，并显著提升自身对信息的甄别能力。接受智能化的素质教育，将有助于他们更好地适应社会的需求。在面对海量且复杂的信息时，大学生应致力于提升个人修养，并通过深化智能意识的培养，增强自身的思考能力，以及对信息的精准甄别能力。

人工智能在赋能大学生素质教育方面，通过精心设计的教学课程和智能化设备的配置等多种途径，从教育内容、教育方式等多个层面着手，旨在培养学生的智能意识，并提升其信息甄别能力。其中，算法推荐技术不仅能有效提高信息的生产和推送效率，而且通过设置智能知识课堂，使大学生深入理解算法推荐的基本原理和运行机制，从而认识到其所具备的高效、精准、个性化的技术优势。然而，我们也必须正视算法推荐技术在技术上的不成熟性和局限性，它可能因技术短板而引发信息茧房、算法歧视等问题。因此，我们需要提高教育对象对算法推荐信息的警觉性和观察力，以增加素质教育在价值引领方面的推荐机会，从而更好地实现智能算法中信息与人的有效对接。随着数字化校园建设的不断推进，大学生素质教育应通过多种渠道和形式，促使大学生将数据意识转化为行动上的自觉。这将使他们能够在繁杂无序的信息海洋中，准确地提取出有价值的数据信息，为未来的学习和职业发展奠定坚实的基础。

**（二）学习智能知识，形成智能伦理认知**

智能知识体系涵盖了人工智能的演进历程、核心定义、技术架构、应用范畴及其对社会的影响等诸多方面。鉴于人工智能能够为大学生提供个性化的自适应学习推荐，大学生素质教育应整合多学科知识，在自主学习、协作学习和探究学习等多种模式的基础上，构建智慧学习的新范式。通过这种深度学习智能知识的过程，不仅可以提升大学生对数据安全和隐私保护的意识，还能使他们认识到自身作为伦理主体的地位，从而培养出对智能伦理的深刻认知。大学生对人工智能相关知识的熟练掌握，将有助于增强他们对算法推荐信息的批判性思考和理性分析能力，并进一步拓宽他们的认知视野。同时，这也能提高他们对伦理问题的敏感性和认识深度，使他们能够更好地驾驭算法，进而提升自身的算法素养，形成全面而深入的智能伦理认知。

在大学生素质教育中，我们应将伦理素养的培养纳入教育目标之中。为此，可以开设专门的人工智能与社会责任融合课程，从观念塑造、知识传授到实践应用等多个层面，全面渗透伦理教育的内容。这样的课程设计将注重对大学生在人工智能教学过程中的伦理素养进行系统化培育。大学生应成为伦理实践的积极参与者。通过系统学习人工智能与社会责任相结合的课程，他们将更深入地了解人工智能可能带来的伦理挑战，并掌握必要的智能知识，以科学、合理地运用技术。

**（三）强化智能化思维，主动学习智能技术**

智能化思维作为智能素养的核心，融合了计算思维、人机协同思维以及主动调节思维等多种思维模式，它主要体现在表征学习、运算判断以及推理表达三个基础层面。大学生应调整心态，积极利用智能教育机器人，主动适应人机协同这一创新型教学模式，以提升自身在智能学习方面的能力，并牢固树立智能思维。作为素质教育的接受者，大学生既见证了人工智能技术的飞速发展，也亲身体会到了人工智能在素质教育中的积极影响及其潜在挑战。要确保大学生能够将社会主流意识形态转化为实际行动，并使其道德行为与社会期望相契合，关键在于充分激发大学生的积极性和参与度。这要求大学生在适应人工智能技术带来变革的同时，还需增强自主学习智能技术及应用相关学习软件的意识。

目前，人工智能技术已广泛渗透于社会生活的各个方面，例如智能推荐、语音识别以及图像识别等技术在日常学习与生活中均有所应用。这些技术同样也被引入教学活动中，为大学生提供了更为丰富和便捷的学习资源。大学生应积极主动地利用这些智能技术，获取素质教育课程的相关学习资料和课外拓展资源，以拓宽视野，进而全面提升个人素质。此外，智能推荐系统在教育领域的应用已构建了智能推荐模型，该模型能够通过对大学生的行为日志以及对学习者和学习资源的大数据进行深入分析，根据个体的特征和偏好推荐相应的信息。然而，尽管教育资源推荐系统提高了大学生素质教育的效率，但也可能导致大学生遭受算法歧视的风险。因此，大学生需要更加积极地学习智能技术，深入理解智能算法推荐机制，培养智能思维，掌握包括分解、模式识别、抽象和算法四个核心步骤的高效问题解决方式，以实现真正意义上的“人机共智”。

# 第二节　创新人工智能赋能大学生素质教育的方式方法

随着人工智能技术在教育领域的深入研究和应用以及人工智能的大数据、深度学习和强算力等特点，要注重增强人工智能赋能大学生素质教育过程中社会主流意识形态的领导力和大学生素质教育的话语权。

## 一、巩固主导意识形态在运用算法技术中的引导作用

### （一）构建素质教育与算法技术的平衡机制

在信息化时代背景下，算法作为人工智能的核心技术之一，其本质在某种程度上已经发生了异化。算法推荐机制潜在地引发了素质教育的意识形态危机。为了应对这一问题，我们可以考虑在素质教育内容信息的初始生产阶段，就融入符合社会主流价值观的要素，以确保内容在创作之时就承载着正确的价值导向。通过深入内容生产环节，我们将素质教育的核心理念嵌入算法之中，从而保障内容供给的源头就具备积极的价值观。同时，针对人工智能技术所带来的一系列问题，通常可以通过技术的持续改进与完善来寻求解决方案。为了纠正算法推荐过程中可能出现的技术异化现象，我们应将社会主义核心价值观深入融入算法推荐的整个流程中。通过构建算法推荐技术与大学生素质教育之间的动态平衡机制，我们不仅能够规避算法歧视和算法偏见的问题，还能更有效地促进大学生对社会责任的认同与实践。

为了充分发挥素质教育的价值引领作用，我们必须坚持将价值理性渗透于技术开发与应用的全过程。在算法推荐的编程初期，就应将技术要素与价值要素紧密结合，以确保工具理性始终服从于价值理性。在此过程中，我们需要更多地思考算法伦理和价值观问题，通过强化大学生素质教育的价值导向和规范作用，有效制约算法的机器理性，从而防止不良社会思想的渗透，并从根本上遏制错误思潮的蔓延。为了提升素质教育者对“算法黑箱”中异质话语的鉴别能力，我们需要在社会主流意识形态的引领下，积极探索科学的人工智能评估机制。通过这样的机制，我们可以充分发挥算法推荐技术的积极作用，最大限度地减少人工智能的滥用现象，从而有效防范技术发展可能带来的衍生性风险。这一系列的措施将有助于我们构建一个更加健康、正向的人工智能应用环境。

### （二）形成数智共生的素质教育内容

内容始终是核心，是推动融合发展的关键所在。我们必须坚持以内容为主导，通过优质内容来赢得发展的先机。素质教育的内容，是确保政治方向正确、培育和践行社会主义核心价值观、增强民族凝聚力以及构建精神家园的重要基石。它涵盖了世界观、人生观、政治观、法治观和道德观等多个层面的教育。在人工智能时代，人工智能技术与教育已经深度融合，形成了一种共生的关系模式。这种融合为素质教育提供了更为广阔的平台，重塑了教育内容和主体形态，打造了虚实结合、数智共生的全新教育模式。人工智能在大学生素质教育中的应用，极大地增强了教育的开放性和传播性，拓宽了大学生获取知识的渠道和范围。特别是算法推荐技术，能够为大学生提供精准化的内容推送，从而丰富了学习手段，提高了学习资源的质量。在不同的教育场景和机制下，高校应积极运用智能技术来获取和生产数据智能，为教育决策提供依据，实现数据智能化。通过人工智能数据反应的协同机制，可以促进大学生素质教育的多维度发展。

人工智能的引入，为大学生素质教育赋予了智能化的新特征，智能化素质、精准素质、虚拟素质等新型教育模式应运而生，这些新模式对大学生的思想观念和价值判断产生了深远的影响。同时，人工智能的介入也推动了素质教育内容的现代化选取标准。按照现代社会人的内在规律来选取教育内容，已成为必然趋势。通过深度分析大学生的思想行为数据，我们可以将思想政治元素有效地融入抖音、哔哩哔哩、微博等网络平台，并结合特定的社会背景和网络话术，推动人工智能与大学生素质教育的深度融合。

## 二、运用人工智能技术增强大学生素质教育话语权

### （一）强化数据要素管理，提升素质教育话语表达

在人工智能助力大学生素质教育进程中，数据扮演着举足轻重的角色，数据要素的赋能已然成为推动大学生素质教育智能化转型的关键突破口。为了更有效地管理这些数据要素，我们需要从多元化视角出发，构建一个全面且综合的治理体系，并确保治理工作形成系统化、持续化的闭环操作模式。这样才能对大学生素质教育的数据要素进行更为强有力的管理。大学生素质教育的众多理论内容经过高度抽象与凝练，这要求我们必须在人工智能时代背景下推动素质教育话语的转换。若素质教育话语仍沿用传统表达方式，很可能导致部分大学生出现认知与理解的障碍。因此，对素质教育话语中的基础性、主导性和拓展性内容进行适当调适与优化显得尤为重要。数字技术的引入，使得话语表达逐渐迈向可视化的立体发展模式。这里的可视化并非单纯地将文字转化为图表，而是能够让素质教育内容以立体画面的形式呈现，以实现素质教育

内容的可视化表达。在人工智能时代，素质教育话语在坚守主导导向的同时，还须突出叙事话语表达的实效性。此外，我们还应以敏锐的视角来丰富素质教育话语的时代性，使其表达更加适应智能环境。

面对虚拟开放的网络社会，我们需要适应其话语传播的范式和特征，不断完善素质教育话语表达，以提升其吸引力。素质教育应积极借鉴网络话语中健康向上的元素，合理利用智能技术来还原真实语境，从而提升素质教育话语的表达效果。同时，我们要避免智能终端所带来的脱离现实的虚拟感。通过"情绪"这一特殊的数据符号，将个人情感融入场景化的话语表达中。这样不仅能创新素质教育话语的表达方式，还能凝练学术话语的精髓，并使其回归大学生所处的具体网络环境中。同时，关注大学生的情感变化，进一步提升素质教育话语的表达效果，以增强其价值认同感。

**（二）把握算法推荐技术本质，改善素质教育话语交往关系**

算法推荐技术，作为当今前沿信息技术的核心组成部分，具备针对用户个性化需求进行"一对一"精准信息推送的能力，从而深刻影响着大学生所接触信息的种类、数量以及质量。在人工智能时代，直播、情境虚拟等新型传播方式极大地拓展了话语传播的空间，使得个体思想素质更易于受到群体表达的影响。在社会科学的范畴内，算法推荐技术正逐渐显现出其权力属性，该技术的发展不仅与大学生素质教育话语在权力、价值、功能等多个维度上存在着紧密的内在联系，而且正在重塑平台型媒体的信息传播秩序和传播结构，进而为素质教育话语交往关系的改善提供了有力支持。

在人工智能的赋能下，素质教育话语的互动过程已不再是简单的线性模式，而是演变为一个错综复杂的蜂巢状互动网络。因此，我们需要通过创新话语交往形式，来增强素质教育话语的多元互动性，使其能够更好地适应不同学生的个性特点。这不仅有助于形成一个素质教育主客体双方话语权平等的传播环境，更能够真正促进素质教育内容的内化。在人工智能时代，要把握算法推荐技术的本质并改善素质教育话语交往关系，就必须深入探究算法推荐技术的内在机理，理解算法的运转方式。在面对多样化的话语反馈时，我们需要准确抓住话语互动中的主要矛盾，以确保对整个互动过程的有效把控和引导。此外，大学生素质教育还应从人工智能技术的赋能角度出发，实现感官信息向数字化知识的有效转化，及时捕捉学生微妙的情绪变化，利用数理逻辑精确推送思维信息，从而塑造出更加和谐、高效的话语交往关系。

**（三）加大技术理性引导，丰富素质教育话语内容**

随着人工智能搜索引擎及数据存储技术的不断创新与发展，知识发现、数据挖掘以及智能检索等高级功能得以实现，这为素质教育信息数据的全方位收集与精细化分类提供了有力支持。在这一背景下，我们亟需丰富和完善素质教育的话语内容。素质教育话语应与时俱进，不断融入新元素、塑造新品质，以适应时代的变迁。在智能化理念和环境的深刻影响下，素质教育的话语内容必将展现出崭新的表现形态和具体指向。然而，无论素质教育话语内容如何演变，我们都必须坚守政治立场，明确育人方向。

大学生素质教育应紧密围绕社会主义核心价值观，充分利用算法推送的精准特性，强化素质教育话语内容的公共价值导向。面对人工智能技术的迅猛发展，我们需要将素质教育的传统刚性话语转变为更为柔和、贴近时代的话语，从而赋予大学生素质教育话语新的时代内涵。为此，我们必须坚持以价值理性为引领，用主导意识形态教育来增强对技术理性的价值引导，进而丰富素质教育的话语内容，为素质教育话语体系注入新的活力。通过智能技术的赋能，我们希望素质教育话语能够启迪当代大学生的智慧，助力他们成长。同时，借助人工智能技术构建的新型话语平台，我们将使素质教育更加贴近人们的日常生活，进一步丰富素质教育的话语内容，为大学生素质教育话语带来勃勃生机。

**（四）优化智能场景，重塑素质教育话语环境**

人工智能技术的进步促成了虚实交融、时空交织的沉浸式场景的完美融合，从而极大地拓宽了素质教育空间的广度和深度。然而，尽管人工智能为大学生素质教育带来了智能化场景的高效传播和视觉化的内容展现，使得人机交互能够实现深层的情感共鸣与沉浸式体验，但同时也引发了传播内容碎片化、语境简化的挑战。因此，以场景思维为指引，优化大学生素质教育的智能场景，需紧扣用户、内容、体验、链接及社群五大核心要素。我们应从数据驱动的应用场景挖掘、算法的精细优化与迭代、用户体验与产品迭代的深度融合，以及未来趋势的洞察等方面进行深入研究，以完善大学生素质教育的智能场景建设框架，进而重塑素质教育话语环境。

在人工智能时代，素质教育的话语环境被赋予了更高的科技内涵，这要求我们不仅要结合现实与虚拟的话语场，还要促进社会主流意识形态与大众话语的互动，以营造一种和谐的话语氛围。大学生素质教育应敏锐捕捉能推动自身发展的平台，并充分利用虚拟空间，在构建、传播和发展素质教育话语时，通过虚实结合的策略，重塑大学生素质教育话语环境。随着智能化场景中虚拟性、交互性和多样性的发展，素质教育话语获得了全新的表达空间。同时，我们也需要优化对智能场景的管理，积极传播社会主流意识形态，确保素质教育主阵地与时代发展同步。

重塑素质教育的话语环境，必须根植于现实、具体的场景空间。人工智能与素质教育的融合，为虚拟场景和素质教育的有机结合提供了可能，从而构建了素质教育的智能场景，为大学生素质教育话语环境的实践提供坚实支撑。大学生素质教育应准确理解时代的发展需求，顺应现代教育智能化的发展趋势，推动现代教育向多平台、宽领域等方向发展，构建更加贴合时代特征的素质教育话语环境。同时，在构建素质教育话语环境的过程中，我们需要对技术发展进行合理的约束和规范，强化对智能场景的管理，完善责任追究机制，以构建一个法治化、规范化的话语环境。

## 第三节　构建人工智能赋能大学生素质教育的生态环境

在赋能大学生素质教育方面，人工智能的效用应辩证看待。我们需要构建一个良好的生态环境，以确保人工智能在素质教育中发挥积极作用，从而实现正向效应和实际效果。同时，必须警惕并避免素质教育被智能技术过度操控或束缚。这一过程要求我们对人工智能的应用进行深入理解，以确保其在推动素质教育发展中的积极作用，同时防止潜在的负面影响。通过这样的方式，我们可以最大限度地发挥人工智能在素质教育中的优势，同时保持教育的本质和目的不被扭曲。

### 一、建设大学生智能教育生态

#### （一）开展人工智能伦理教育

人工智能对素质教育的深层次影响，容易在推进教育过程中引发工具理性过度压制价值理性的问题，进而可能导致人的主体性伦理陷入危机。在利用人工智能助力大学生素质教育的过程中，所暴露出的伦理风险，提醒我们必须坚守素质教育的主导地位，并对人工智能的应用进行深刻的辩证审视，敏锐洞察智能科技发展可能带来的异化风险。因此，在人工智能与大学生素质教育融合的过程中，我们需要着重提升教育主体与客体的人工智能伦理素养。为实现这一目标，应建立科技伦理专业人才的培养机制，通过组织技术伦理讲座、伦理辩论赛等活动，深化对新兴科技伦理问题的探讨，从而培育出强烈的人工智能伦理意识。

在应用人工智能技术的过程中，大学生素质教育必须高举教育价值理性的旗帜，建立起科学的人工智能伦理认知。在人工智能融入大学生素质教育的过程中，我们应始终以学生的成长成才为核心目标，坚守素质教育育人的初衷，并符合现代社会的伦理标准。这要求我们正确理解和处理人工智能技术所涉及的伦理关系，积极开展人工智能伦理教育，将社会主流意识形态巧妙地融入智能算法的逻辑框架中，始终贯彻“育人为本、技术为辅”的价值观念。

#### （二）提升人机交互过程中的情感温度

人工智能技术的“拟人”特性显著加速了人机交互的进程。为实现其对大学生素质教育的积极赋能，我们必须致力于促进人机之间的协调与融合，不断优化二者关系，以期达到和谐共生的理想状态。然而，在此过程中，我们应保持高度警觉，防止人工智能技术过度侵蚀人类价值观，始终坚守人类中心主义的价值立场，确保所有技术和应用都以人为本，服务于人的根本利益。尽管如此，我们也必须承认，当前人工智能所提供的教育服务在人文关怀和情感温度方面仍有所欠缺。因此，大学生素质教育应将关注人的全面发展作为其核心价值追求，不断提升学生利用机器的能力，并在人机协作中注入更多情感关怀。特别是要利用人工智能在情感识别、分析、理解和表达方面的能力，通过情感计算技术提升人机交互的情感层次。具体而言，就是在人机交互过程中，素质教育应能够针对大学生的外在表现进行精准测量和深入分析，并通过科学计算施加积极影响。这要求我们能够敏锐捕捉关键信息，及时察觉学生的情感变化，形成合理预期，并作出相应调整。

在人工智能赋能大学生素质教育的过程中，人的情感引导至关重要。我们应避免完全依赖人工智能进行决策，以确保人机之间的协调发展。由于目前的人工智能技术尚无法深入探索人类的内心世界，因此，素质教育工作者需运用“人的智慧”来弥补人机交互中情感温度的不足，特别要注重培养学生丰富的社会性情感，防止冰冷的数据分析掩盖了素质教育应有的人文关怀。同时，面对人工智能融入素质教育可能带来的主体性缺失挑战，我们更应强化人文关怀，赋予教育主体和客体深厚的人文情怀。在素质教育的每一个环节，都应充分体现出对人性的尊重和关怀，积极纠正人机交互中可能出现的不良情感倾向，精准把控技术与教育之间的人文张力。

**（三）构建符合伦理规范的人机教学生态体系**

由于算法的信息辨别能力尚无法进行价值判断，因此，在完善人工智能赋能大学生素质教育的伦理规范方面，我们需要发展一个符合伦理标准的人机交互式教学生态体系。这一体系应通过素质教育来普及智能算法的技术逻辑与核心原理，从而提升教育工作者对技术的辨识能力，并加强大学生的智能媒介素养教育。通过这样的方式，我们可以构建一个有机互动的人工智能素质教育环境，进而提升大学生素质教育的精准度和实际效果，以确保其严格遵循伦理规范和道德要求。鉴于人工智能的自主性增加了人类在应用过程中的不确定性，因此，构建一个涵盖多主体、多渠道的人工智能应用监督机制显得尤为重要。这包括在伦理规范指导下制定法律准则，以及建立隐私安全保护系统，从而有效地防范人工智能应用中的潜在风险。在素质教育领域，师生间的交流、互动与协作应被视为教育的核心环节。在人工智能时代背景下，我们应倡导师生与人工智能技术之间的和谐关系，以塑造大学生素质教育的生态伦理。

此外，为了在主客体之间建立一种全新的互动模式，我们需要设立专门机构来促进素质教育工作者的专业伦理发展，并针对其在教学实践中遇到的伦理问题进行严格审查。这样不仅可以形成和谐融洽的师生关系，还能推动人工智能教师伦理体系的规范化发展，最终构建一个符合伦理规范的人机交互式教学生态体系。

## 二、制定人工智能伦理章程

### （一）建立人工智能在伦理实践上的准则

面对人工智能所引发的一系列伦理与安全问题，我们不仅需要从素质教育的育人逻辑出发进行策略性纠正，更需加速推进人工智能伦理章程的制定工作。这一举措旨在建立一套完善且贴合大学生素质教育实际需求的人工智能应用规范和标准，并深入探索人工智能在伦理实践层面应遵循的准则。

针对人工智能在赋能大学生素质教育过程中可能产生的伦理风险，我们首先要明确智能技术的核心价值指向。目前，我国在人工智能伦理章程的构建方面已取得初步成果。在运用人工智能的过程中，大学生素质教育必须能够有效应对并妥善控制由技术带来的潜在伦理风险和隐患。这要求我们始终坚守社会伦理的道德底线，并严格遵循人工智能在伦理实践上的各项准则。同时，为了形成共识并降低风险，我们应确立统一的技术伦理原则，以此为界制定具体的人工智能伦理规范和章程。这些规范和章程需以技术向善为出发点，力求降低甚至避免伦理风险的发生。素质教育工作者与智能技术人员应展开紧密合作，共同提升自身的道德素养、伦理素养以及对伦理危机的敏感度。双方应积极探索隐私保护、透明参与、权责对等等核心准则，以减轻人工智能在赋能大学生素质教育过程中的风险。此外，大学生素质教育还需在深入理解和把握技术发展规律的基础上，提高监管意识，设计出切实可行的人工智能法治化方案。这些方案应遵循公正透明的原则，确保人工智能伦理章程的有效建立和实施。

### （二）建立人工智能教育应用监管与惩罚机制

在人工智能时代，为了进一步推动大学生素质教育的智能化进步，我们必须构建坚实的保障体系，以确保人工智能技术能够精确管理素质教育的主客体，并提供高效服务，从而提升管理效能。在此过程中，创新大学生素质教育的管理机制成为关键的保障环节，特别是在改进大学生管理机制、育人机制以及校园文化建设机制等方面，我们需要投入更多的努力。为了实现这一目标，大学生素质教育必须全面加强对校园信息平台的运营监管，建立明确的奖惩机制。同时，应配置专职的网站管理和监督人员，以提升素质教育在校园网络平台上的话语质量。在人工智能赋能大学生素质教育的过程中，我们还需要制定一套针对人工智能在教育领域应用的惩罚机制。一旦发生违法或违规行为，监管部门应首先确认责任主体，明确各级职责，然后根据过错的严重程度进行问责。在充分调查的基础上，采取针对性的处理措施，严格执行问责和惩罚，从而最大限度地发挥人工智能技术的积极赋能作用，并将任何潜在的不良影响降至最低。

## 三、规避人工智能赋能大学生素质教育的算法歧视

### （一）完善人工智能算法监管机制

为了全面优化人工智能算法监管机制并强化技术监督，我们必须通过完善相关法律法规和人工智能应用的管理制度，以有效化解智能技术带来的潜在风险，从而避免在人工智能赋能大学生素质教育过程中出现伦理越界的情况。为了防范科技异化所带来的风险，我们需要不断审视并调整适用于素质教育领域的算法规则，以预防道德困境和科技伦理问题的产生。在规范人工智能赋能大学生素质教育的伦理方面，我们必须在制度层面对算法进行明确规制，设立清晰的算法行为边界，并加强前瞻性的预防与约束引导。同时，我们需要完善他律与自律相结合的人工智能算法监管机制，以有效规避算法歧视的问题。此外，相关部门也应积极行动，通过建立完备的算法推荐信息激励与惩罚机制，制定和执行针对算法平台的法律法规，并强调算法平台的自我约束，从而加强人工智能赋能过程中的伦理自律，营造一个清朗的算法生态环境。这些措施将促使算法推荐的数据信息使用更加规范化和透明化，有效遏制不良信息或言论的传播，降低算法风险，并提升社会主流意识形态的价值引领作用。

### （二）增加算法透明度

算法歧视的产生，其根源在于算法运作的不透明性。在人工智能赋能大学生素质教育的过程中，我们应避免这种“黑箱”操作，因此，提高算法透明度、规范算法权力成为关键。实现大学生素质教育中算法应用的透明化，不仅有助于学生更好地理解算法程序和结果，还能确保算法推荐技术充分发挥其便捷、高效的工具特性。既然算法是由人类设计的，那么我们就有机会在设计和编写算法的过程中融入伦理和价值考量，从源头上加强算法的顶层设计，从而提升人工智能法律应用与人类使用者在价值层面的交互深度。人工智能已经深刻改变了大学生素质教育的生态，基于深度学习和智能算法的技术能够通过自动学习、自主抓取信息，生成个性化、精准化的高阶认知结论。要提高算法透明度，首先需要识别影响其透明度的主要因素，包括算法信息的可追溯性、可获取性、可解释性，以及算法平台的监管和责任归属等。随着算法推荐所依赖的个性化驱动程序日益复杂，大学生素质教育对算法素养、透明度和监督的需求也在持续增长。这就要求我们将大学生素质教育的价值观念融入智能辅助教学系统，以及算法推荐的运行机制中。为了对算法透明度进行全过程的监管，我们可以设立专门机构进行责任认定，并建立相应的问责机制，以确保算法的可审查性。这有助于实现算法验证和测试的制度化，以及对算法公平性的审查，从而让算法设计者对其算法决策负责。此外，实现大学生素质教育中算法应用的透明化，还需要建立相应的制裁措施和监督主体，确保算法利益主体的可追责性。遵循透明原则，我们可以让人工智

能的协同过程设计算法系统一目了然，从而有效规避算法歧视的问题。

### （三）构建技术公平规范体系

随着算法技术的快速发展，其行为不可控性逐渐凸显，进而引发了技术黑箱的隐忧。由于算法本身内嵌的价值观以及多元主体的暗箱操作，教育的均衡发展受到阻碍，同时，对受众的道德文化、价值观等方面也产生了不小的负面影响。因此，在人工智能赋能大学生素质教育的过程中，我们必须致力于优化人工智能算法，构建技术公平规范体系。这一体系不仅要在提升工作效率、实现个性推荐和满足价值偏好等方面提供便利，更要确保教育公平的实现。在构建技术公平规范体系时，我们应着重改进和优化算法设计。具体而言，需要增加主流价值话语内容的曝光度，将价值取向相似的话语信息融入算法之中。通过人工智能赋能大学生素质教育，我们能够实时监测大学生的学习状况，推动个性化学习的深入发展，从而充分发挥人工智能技术公平规范体系的作用，以促进教育的公平与均衡发展。

为了有效规避算法歧视，我们需要从优化算法技术源头着手，构建一个完备的技术公平规范体系。这一体系应能实现对人工智能赋能大学生素质教育的算法运行过程的整体把控，确保算法的公正性和透明度。通过以社会主流意识形态引导算法，我们可以有效规避算法偏向、算法歧视等问题。更重要的是，我们应自觉将社会主义核心价值观嵌入算法运行系统之中。这样不仅有助于大学生在数字空间中保持理性判断，更能实现技术公平，进而有效提升社会主流意识形态的受众认同感。这一举措对于培养具有高尚道德情操和健全人格的大学生具有重要意义，同时也是推动社会主义核心价值观深入人心的有效途径。

## 四、建立人工智能赋能大学生素质教育的隐私保护机制

### （一）牢固树立隐私保护理念

随着科学技术的迅猛发展，人们的隐私似乎变得越来越透明。在日常生活中，诸如各类 App 注册、表格填写等环节，都成了隐私泄露的潜在渠道。大学生素质教育在利用语音识别、图像识别、人机对话等先进技术为大学生提供个性化教育管理服务的同时，也无形中触及了大学生的隐私边界。在人工智能时代，技术进步为信息泄露、数据盗取以及个人数据的非法利用提供了极大的便利。因此，大学生素质教育亟待推动和培养隐私理性，提升社会对隐私保护共识的接受度。在社交媒体日益普及的当下，大学生在授权他人收集自己的个人信息时，必须保持高度谨慎，深化对隐私保护的理解，以防止个人信息被无节制地收集和滥用。面对层出不穷的隐私问题，我们需要着力培养隐私素养，提升隐私边界管理和隐私风险管理的能力。同时，我们应对现有的隐私保护实践进行深刻的反思和批判，牢固树立隐私保护的理念，并采取切实有效的

行动来保护我们的隐私。这不仅是对个人权益的维护，更是对社会整体信息安全和道德底线的捍卫。

**（二）强化素质教育数据治理体系**

针对数据隐私权利受侵犯的问题，我们必须对数据收集和处理行为进行严格的监察与管制，从而构建一个完善的数据治理体系。相关政府部门和立法机构应加快步伐，制定并优化针对人工智能技术应用中隐私保护的法规制度。这需要做好顶层设计，提前进行战略布局，特别是围绕个人信息保护这一核心问题，结合人工智能的特性和需求，建立健全专门的法律法规体系。同时，我们必须规范各类数据的收集、存储、处理和使用流程，细化保护学生隐私的具体法律条文，确保大学生在智能素质应用中的知情权和选择权得到充分保障。这不仅能促使素质教育的主客体自觉履行对个人数据信息安全的保障义务，还能有效提升整个社会对数据隐私保护的重视程度。在大学生素质教育方面，我们需要从过程和微观层面出发，开展精细化的数据管理。通过对历史数据流的系统性分析，我们可以为学生打造一个安全、健康的交流环境，进而加强素质教育主客体之间的互动与沟通。此外，大学生素质教育还应积极探索利用云计算、区块链等先进技术，进一步强化大学生素质教育数据治理体系，有效降低数据隐私泄露或滥用的风险。通过这些措施的实施，我们可以构建一个更加完善、高效的数据治理体系，为大学生素质教育提供一个安全、可靠的数据环境，从而推动整个教育行业的持续健康发展。

**（三）明确技术应用过程中的责任归属**

针对隐私数据泄露的问题，我们必须明确在应用人工智能赋能大学生素质教育过程中的责任归属。为实现这一目标，应落实主体责任，并结合公平信息实践，构建一个多元主体共同参与的协作建设模式。在技术上，我们应坚持中立原则，避免涉及任何侵权行为或法律责任的判定，同时要对数据滥用行为进行严格限制。为确保人工智能在大学生素质教育中的合规应用，我们需明确划分责任归属，明确负责主体和问责主体，并重点强调数据收集和使用者应承担的责任。首先，需要通过法案明确数据的价值，并建立基于人工智能的责任伦理规则、责任监管体系以及问责标准。同时，应组建一支专业团队，负责严格执行相关法律，对违法主体进行严厉惩处。只有明确了技术应用过程中的责任归属问题，我们才能更好地监管人工智能技术的应用。高校作为保障大学生数据安全的首要责任方，应以国家法律保护为坚实后盾，并着重关注法律条文的实际执行。高校应积极配合，加速完善与数据保护相关的条例，并明确各部门的责任分工。对于数据的扫描、过滤、传输和运用等各个环节，都需建立相应的管理机制，实现数据概念的标准化，以防止数据被篡改、泄露或删除等违规行为。通过这些措施，我们可以确保智能素质教育的有效落地，并取得实际效果。

## 第四节　搭建人工智能赋能大学生素质教育的协同育人“新平台”

构建人工智能驱动的大学生素质教育协同育人“新生态”，其精髓在于构筑一个集全面性数据库、丰富资源库、尖端空间基础设施及高效智慧平台于一体的综合体系，旨在为资源整合与智能赋能铺设坚实的基石。此“新生态”的构筑，是赋能实践不可或缺的支柱。我们应深化人工智能在教育等领域的渗透与应用，催化智能服务体系的革新与发展。在人工智能的架构中，大数据、算法与算力构成了其三大核心支柱，缺一不可。为了有效整合并优化赋能资源，我们必须从这些核心要素入手，秉持问题导向的原则，全力推进国家级大学生素质教育数据库的建设，不断丰富与拓展智慧资源库，同时优化与升级空间基础环境。通过精心设计与打造大学生智能化协同育人的智慧平台，我们能够实现数据、算法（资源）与算力的无缝融合与高效协同，为全面提升大学生素质教育的质量奠定稳固的基石。这一举措不仅将推动大学生素质教育的创新发展，更将为培养适应未来社会需求的高素质人才提供有力的支撑。

### 一、建设国家大学生素质教育数据库

在人工智能技术日新月异的今天，数据已跃升为一种战略资源，其重要性堪比石油与电力。我们必须深刻理解大数据的潜在价值，并熟练掌握运用大数据驱动各项工作的能力，同时不断提升对大数据发展规律的认知与把握，以期在各类工作中充分发挥大数据的效能。在此背景下，构建大学生素质教育数据库，成为推动人工智能在大学生素质教育领域深度融合与广泛应用的关键基石。然而，在数据库建设的过程中，我们面临着数据孤岛、结构失衡、隐私安全等一系列复杂挑战。鉴于素质教育在意识形态塑造方面的独特作用，数据库的建设必须由国家层面进行统一规划与战略部署，实现大学生素质教育数据的统一存储与规范管理。这一国家级的数据资源库，可以借鉴中石油、中石化等大型国有企业的成功运营模式，以确保平台拥有强大的算力支持，为数据的处理与分析提供有力保障。同时，我们需要科学制定规范流程，全面规划数据资源库的基础架构与核心功能，为全国范围内的大学生素质教育提供坚实的教育资源支撑与操作指南。通过这一举措，我们可以确保基础数据的安全性，防止数据泄露与滥用，保障学生的隐私权益。国家大学生素质教育数据库将作为一个宏大的综合性平台，各个学校的数据库将按照大平台的标准进行无缝接入，并遵循既定的规范流程

进行数据的调用与共享。这一创新性举措，不仅有助于打破数据孤岛，实现数据资源的互联互通与共享共用，还将为大学生素质教育的发展与创新提供源源不断的数据支撑与智力支持，推动大学生素质教育迈向新的高度。

**（一）全面采集多源数据**

数据规模的局限性、结构的不均衡以及处理方法的非优化，均构成了赋能过程中的重大障碍。在大学生素质教育的广阔领域中，相关数据占据基础性地位，其显著特点在于数据量的巨大以及覆盖范围的广泛性。因此，构建一个兼具大容量存储与高性能计算能力的大学生素质教育数据资源库，已成为推动素质教育智能化转型的必由之路。大数据、人工智能与云计算技术的深度融合，为我们提供了全面收集大学生在网络空间中思想动态、情感态度、心理状态及学习态度等多维度数据的可能。通过精确的分析、加工与处理，我们能够实现数据库的自动更新与迭代，以确保数据的时效性与准确性。然而，单纯依赖素质教育工作者来完成数据的采集任务显然不切实际，这需要我们跨越学科界限，实现多学科间的协同合作与共同推进。在建设大学生素质教育数据库的过程中，我们应广泛汲取计算机科学、统计学、情报学以及脑科学等多学科的专业智慧，以最大化地发挥数据库的使用效能。素质教育工作者需明确数据采集的方向与目标，提升数据采集的针对性与层次性。具体而言，我们应采取以下两个方面的策略：一方面，我们应适度运用多种传感器和脑机接口技术，以收集多样化形态和结构的数据。通过对传统教室进行智能化改造，建设能够采集大学生多模态数据的沉浸式教学环境。通过部署高清摄像头、语音传感器、运动传感器等设备，我们可以精准捕捉教育者与学生的表情、动作及语言表达等外在数据；同时，借助眼部移动追踪程序、可穿戴数据捕捉器、脑机接口等先进设备，我们可以深入收集学生在受教育过程中的关注度、注意力分配、情绪状态及心理状况等内在数据。此外，我们还应全面收集各类学习平台和学生工作信息系统中的基础数据，以实现全方位、全过程的数据覆盖。另一方面，我们应积极对接社会大数据资源，充分利用公共资源宝库。多元化的数据形态和结构为我们提供了更全面的分析视角，而多模态数据则是进行多模态学习分析的重要基础。鉴于思想与行为的紧密联系，以及大学生在社会公共空间中的广泛活动，其日常生活所生成的行为数据对素质教育而言具有极高的价值。因此，素质教育数据平台应进行统筹规划，积极对接并整合这些数据资源，将其纳入数据库中，并建立详尽的大学生发展数字档案，以全面记录其思想与行为的各类数据，为素质教育的深入研究与精准施策提供有力支撑。

### （二）科学处理数据

数据库的建设内涵远超于简单的信息数字化，而是涉及一系列复杂的技术处理与深度应用，这包括数据挖掘、聚类分析、数据融合与集成、关联规则学习以及情感分析等尖端技术。具体而言，我们应遵循以下几个关键步骤来确保数据处理的质量与深度：首先，针对素质教育信息资源，我们必须实施深度的数据化转化。这不仅是通过人工录入或扫描将信息转为数字格式，更重要的是，要对那些非结构化或半结构化的复杂数据进行精细的解析与结构化重构，确保所有数据都遵循统一且标准的格式。在此过程中，应特别关注对大学生在教育过程中的动态数据与情绪数据的全面采集，以保障后续数据分析模型在过程性分析中的高度科学性与准确性。其次，对素质教育数据进行详尽的标注与预处理是至关重要的。素质教育工作者需对教育资源进行系统的梳理与总结，提炼出特征词汇的基础框架。通过结合机器学习与人工标注的双重手段，对数据文本进行精确的分词处理、词性标注以及命名实体识别，从而形成多层次、多维度的数据标注体系。再次，还需按照人、时、地、事、物等关键维度对数据进行分类与链接，以丰富数据的层次与内涵，为深度分析奠定坚实基础。在深度学习应用之前，必须对数据进行严格的人工预处理，以进一步优化数据结构。此环节应高度重视人工处理的质量，对参与人员进行严格筛选与培训，明确数据预处理的规范与标准，确保数据结构的完整性与准确性不受任何不当价值观念的影响。最后，对素质教育数据进行深入的运算分析是不可或缺的。国家大学生素质教育大数据平台应充分利用人工智能的全天候在线、实时响应与即时介入能力，深入挖掘大学生在不同社交圈层、心理状态与生活场景下的思想与行为数据。通过实时捕捉、历时对比与趋势分析，智能分析系统能够及时发现异常情况并触发相应的调查处理机制。此外，针对不同类型的数据，我们应选择最合适的算法进行分析。例如，对于认知层面的数据，可采用基于深度神经网络的自然语言处理技术；对于理知层面的数据，则更适合采用符号主义的逻辑推理方法；而对于行为数据，深度学习算法将是最优选择。基于这些精确的算法模型，我们可以将素质教育数据以人、时、地、事、物为维度进行可视化展示，为教育工作者提供直观、全面的数据分析支持，助力素质教育的精准施策与持续发展。

### （三）规范使用大数据

破解数据孤岛难题是持续优化高校大学生素质教育管理与服务体系的必由之路。为了促进各系统、应用及区域间的数据高效整合，并在确保数据安全的前提下推动赋能进程，我们必须平衡数据开放共享与隐私保护之间的关系。第一，探索运用新技术构建大数据链接协同平台是当务之急。区块链技术为教育数据开放问题提供了安全、高效的解决方案。高校与社会应携手建立以联盟链为核心的开放平台，通过打破数据孤岛，实现数据的分级分层共享，进而优化各单位间的协同合作，并明确权责边界。

利用区块链技术的独特优势，我们可以实现大学生素质教育数据的跨学段、跨机构安全共享，为素质教育的全面发展奠定坚实基础。第二，建立健全大学生素质教育数据管理机制至关重要。这一机制应涵盖数据采集、数据挖掘、深度学习、智能算法及数据使用等各个环节，确保流程的规范性、严格性和审核的层层递进。高校需依据国家法律法规，制定人工智能信息管理制度，并特别关注未经学生许可的数据采集与挖掘，以及数据的二次使用问题。第三，高校应在规章制度中明确数据采集、分析、存储和销毁等环节的责任主体及相关权责，建立一套标准化的教育人工智能管理流程。这一流程不仅要求数据算法技术的突破，还需素质教育专家的深度参与，以共同构建符合大学生素质教育需求的数据模型。第四，高校还需对人工智能技术人员进行严格的背景调查、监督管理和效果评价，并严格控制数据访问权限，确保大学生素质教育数据的安全无虞。第五，建立智能安全防控与应急处置机制是保障大学生权益的重要举措。在数据采集和人工智能算法使用过程中，高校应进行前置的伦理安全教育和后置的法律援助，以确保学生在数据应用过程中的权益得到充分保障。第六，高校应制定针对大学生信息泄露、算法歧视、隐私侵犯等问题的应急预案，并建立健全的快速响应机制。一旦大学生的权益受到侵害，学校应迅速采取行动，提供必要的法律救济，以最小化不良影响。在数据库建设过程中，高校还应注重对表现突出的个人和事迹进行表彰奖励，对出现的问题及时总结和改进，并对数据滥用和泄露的责任人进行严肃处理。通过这些措施，我们可以激励相关人员积极参与数据库建设，同时确保数据库的合规性和安全性。第七，高校应加强对大学生素质教育数据平台的研究工作。通过建设数据库研究实验室，推动素质教育数据采集、存储、分析和调用方法的创新，为国家大学生素质教育数据库的建设提供有力的智力支持。这将有助于我们更好地挖掘和利用数据资源，为素质教育的持续发展注入新的活力。

## 二、建设大学生素质教育智慧资源库

在人工智能技术日新月异的今天，传统教科书的“书籍”形态正逐渐让位于数字技术所赋予的“资源库”新特性。然而，当前大学生素质教育领域中的数字化教学资源库，正面临着内容碎片化严重、知识冗余庞杂、组织结构混乱以及层级划分无序等一系列严峻挑战。这些挑战极大地破坏了知识的内在逻辑与整体性结构，使学习者在知识吸收过程中难以构建起系统的认知框架，从而影响了其对知识的深入理解和掌握。内容的碎片化问题尤为突出，它割裂了知识的内在联系，使大学生在学习的过程中难以形成完整的知识体系。同时，信息的冗余和繁杂不仅增加了大学生筛选有效信息的难度，还严重干扰了他们的学习节奏，降低了学习效率，甚至可能对其思维能力的发展造成阻碍。此外，虽然信息内容的便捷获取在一定程度上提高了学习效率，但若过度依赖，也可能削弱大学生在实际操作和行为能力上的锻炼与提升。因此，在建设大学生素质教育智慧资源的过程中，我们必须充分发挥人工智能技术的优势，确立一套科学、明确的内容选择标准，对资源库中的内容进行精心筛选和优化组织，以确保资源的系统性和有序性。同时，我们要始终坚守以大学生为中心的原则，对资源库中的信息内容进行严格的审核和把关，坚决剔除冗余和无效信息，为大学生提供一个高效、有序、精准的学习资源库。这样，我们才能真正助力大学生全面提升自身素质，培养出适应时代发展需要的优秀人才。

**（一）明确内容的选择标准**

素质教育智慧化资源是虚拟化存在与教科书精髓的融合体，其依托于虚拟资源平台及智能助学系统，展现了一种既开放又具导向性的特质。此模式赋能大学生，在依循传统教材的同时，利用超链接、智慧助手等工具，灵活探索并个性化选取资源平台上的多元素材。首要任务是确立一套严谨的内容选择基准，从根本上保障资源库的高品质。这意味着，素质教育智慧化资源需紧密契合社会需求，其教学内容的选择需遵循社会主流价值观、学科内在发展逻辑及大学生身心成长的阶段性特征。当前，随着资源库建设的加速推进，同质化扩张已成为一个不容忽视的问题。鉴于大学生精力有限，如何在海量资源中实施科学筛选，成为提升资源库效用的关键。因此，我们的目标不应仅局限于资源库的数量扩张，而应聚焦于其精准定位与精品化打造。国家相关机构应深入调研，制定涵盖政治导向、教学内容、教学法及实践模拟教学等多维度的素质教育智慧资源具体标准。同时，应集中优势资源，整合全国马克思主义学院的数字化成果，精心培育精品资源，并借助人工智能技术，实现这些资源的广泛、高效共享。此外，确立智慧资源聚合的技术规范同样至关重要，它是确保资源库稳定运行的技术基石。在资源库构建过程中，应加强顶层规划与设计，以坚实的技术标准为支撑，促进素质教育智慧资源的无障碍流通，并严格防范技术层面的意识形态偏差。在资源共享与流通实践中，区块链技术凭借其可追溯、可标识及去中心化的特性，为资源的众筹建设与流通提供了强有力的技术支持，但前提是必须经过严格的意识形态审查。更进一步，资源库的建设应充分利用区块链与智能技术的融合优势，促进数字博物馆、纪念馆及社会公益组织等多元教育资源的无缝接入，打破资源间的壁垒，实现资源的深度融合与共享。同时，需汇聚并整合各类数据要素，推动资源从主要服务于教师教学，向全面支持学生个性化发展转变。在明确的内容选择标准引领下，实现多元教育主体间教育资源的有序、高效聚合，为素质教育的智慧化发展奠定坚实基础。

**（二）优化智慧教育资源内容结构**

智能教育资源库的构建需采取系统性策略，旨在消除内容的冗余与复杂性，确保资源的高效利用。这一构建过程应围绕两大核心维度展开：一是紧密贴合大学生素质教育的体系架构与核心要素，二是基于资源类型的精细划分。首先，以大学生素质教育的体系架构与核心要素为基石，进行资源库的结构化设计。该体系可进一步细分为体系结构与要素结构两个层面，它们相互交织，共同构成了一个复杂而有序的内容结构网络。在体系结构中，主导内容应聚焦于传达党和国家的思想体系及社会主流意识形态，奠定教育的政治方向；基础内容则需紧密贴合社会发展需求及个体政治素质的培养目标，确保教育的实用性；通识内容则作为主导与基础内容的文化基石，提供广泛的知识背景与人文素养。在要素结构中，应围绕社会主义核心价值观，塑造学生的正确观念；传授具有本体性、实践性和条件性的专业知识，构建学生的知识体系；同时，建立包含法律法规、道德规范、思维方式及行为模式等在内的全面规范体系，引导学生形成良好的行为习惯与价值观念。借助人工智能技术的力量，我们应将规范性内容转化为可执行的程序，使知识性内容更加贴近现实生活情境，让观念性内容深入人心，成为学生行动的指南。其次，根据资源类型的不同，对资源库进行精细化划分与构建。大学生素质教育资源库可细分为知识类、工具类、伴学类和情境类四大类。在人工智能的赋能下，我们应充分利用音视频、图像、文本等多种多媒体符号，丰富知识类资源库的内容与形式；开发具备交互与体验功能的软件系统，打造高效实用的工具类资源库；结合虚拟与现实技术，创造智能教师或智能学伴，构建陪伴式学习的伴学类资源库；同时，运用 AR/VR/MR 等前沿技术，创设逼真的学习情境，构建情境类资源库。通过这四类资源库的有机融合，我们可以打造一个虚实结合、多媒体呈现的综合性资源平台，为大学生提供涵盖知识学习、能力训练、自主学习及实践实训等多方面的全方位学习支持，助力其全面素质的提升。

**（三）要充分考虑大学生的使用逻辑**

在着手构建大学生素质教育的智慧资源库时，我们必须深入洞察并充分考虑大学生的使用习惯、心理特点，尤其是他们的认知逻辑，以确保资源库不仅易于使用，而且具有高度的亲和力。为此，我们需要从多个层面对内容进行精细化的设计与处理。首先，就内容的层次结构而言，我们应精心规划并妥善处理表层、中层与深层内容之间的关联与平衡。表层内容应聚焦于那些与日常生活紧密相连、广泛普及的主题，这些主题应易于被大学生通过直观经验所感知。在此层面，我们可以充分利用人工智能的辅助感知技术，开发出与大学生实际生活紧密贴合的智慧教育资源。中层内容则应紧扣党的意识形态工作需求，结合当前时代背景，传播与当代思潮相契合的思想体系。借助人工智能的传播优势，我们可以更加高效地开发这一层次的智慧教育资源。至于深层内容，它应涵盖如马克思主义理论等具有普遍意义、稳定基础及深刻洞察的理性知识体系。在这一领域，人工智能的认知辅助功能将发挥巨大潜力，助力我们开发出具有深度的智慧教育资源。其次，从内容的状态结构出发，我们必须寻求静态与动态内容之间的恰当平衡。大学生素质教育的概念体系是相对稳定的，其中所蕴含的政治、道德及爱国主义等内容具有持久的价值。然而，素质教育的内容又是不断发展与变化的，它需根据实践的需求不断丰富与演进。因此，在资源库的建设过程中，我们应实现静态结构的稳固与动态完善的有机结合，以确保资源库的时效性与前瞻性。最后，从接受结构的角度考虑，我们需要妥善处理内容的内在结构与大学生接受结构之间的关系。大学生素质教育的内在内容是根据社会对素质教育的要求而精心设计的，这些内容需要得到大学生的接受与认同，尤其是在观念层面。对于这类内容，人工智能可以在认识论层面融入，帮助学生构建起科学的内在逻辑框架。而对于那些需要内化为大学生素质、外化为实际行动的内容，我们应借助人工智能技术创建虚拟体验资源，让学生在身临其境的虚拟环境中深化理解并内化知识。例如，红色资源作为记录中国共产党领导人民奋斗历程的宝贵财富，通过智能技术的多元化呈现与情景化体验，我们可以依托红色资源数据库加大开发力度，全方位、立体化地展现历史场景，从而精准满足素质教育工作者在教学与研究方面的需求。

**（四）进行严格的审核把关**

在推进大学生素质教育智慧资源库构建的过程中，务必坚决践行国家治国理政的新理念，并大力弘扬社会主义核心价值观，以此作为资源库建设的根本遵循。无论是传统的纸质教材，还是现代化的智慧数字教育资源，均需经过一套严谨周密的审查机制，严格把控政治方向、学术水准和质量标准，确保每一份教育资源都能充分彰显国家意志和战略导向。一方面，国家应对智慧教育资源实施深入的意识形态审查。为此，应成立一个由素质教育、课程与教学、法律及信息技术等多领域专家组成的审核委员会。该委员会需依据大学生素质教育智慧资源的既定内容标准，对所有资源进行全面细致的审查，以有效防范潜在的意识形态风险。同时，应将大学生素质教育智慧教育资源的审批工作正式纳入政府规范审批体系之中，并建立一套完善健全的资源审查机制。这一机制应站在党和国家的高度，严格把关资源的意识形态方向，确保资源库的纯洁性和正向引导力。值得借鉴的是，国际上已有多个国家实施了数字教科书的审查制度，如美国的“加州学习资源网”即被赋予了数字教科书审查的权威职责，负责审查和发布相关内容。另一方面，对于运营大学生素质教育智慧资源库的企业，其资质同样需经过严格审查。在资源库的开发与运营过程中，企业扮演着至关重要的角色。然而，公众对企业往往抱有一定的不信任感。随着人工智能技术的飞速发展，教育与企业的联系越发紧密，尤其是在信息化领域，企业的硬件、技术和资源支持成为不可或缺的一环。因此，我们必须加强产学研的深度融合与协同发展，并积极争取企业的鼎力支持。在素质教育智能产品的研发过程中，存在着教师、高校科研机构和企业三方力量的共同参与。教师设计的产品更贴近实际需求，但并非每位教师都具备产品开发的专业能力；高校科研机构开发的产品具有创新性，但可能缺乏稳定和成熟的后续服务支持；而企业则能够将产品标准化，并提供优质的后续服务。鉴于大学生素质教育的特殊性和重要性，国家应考虑建立国有企业来专门负责数字资源的开发和管理，为全国大学生提供稳定可靠的数字教育资源支持。同时，也应鼓励中小型企业在提供差异化教育产品方面发挥积极作用，但所有教育产品的上线和应用，特别是基础框架和算法逻辑等核心部分，都必须经过专业机构的严格鉴定和审批，以确保资源的合规性和高质量。

## 三、建设大学生全域联通的空间基础环境

建设全域联通的空间基础环境是人工智能赋能大学生素质教育的基础工程。《中华人民共和国国民经济和社会发展第十四个五年规划和 2035 年远景目标规划纲要》把“数字化发展 建设数字中国”作为独立篇章，提出“以数字化转型整体驱动生产方式、生活方式和治理方式变革”[①]。这一规划强调了建设高速、泛在、天地一体、集成互联、安全高效的信息基础设施的必要性，旨在全面提升数据的感知、传输、存储以及运算能力。要实现全域联通的空间环境，需要政府、社会和学校三个方面的共同努力和协同施策。政府应加大投入力度，创造有利条件，为信息基础设施的建设提供坚实的政策与资金支持。高校则应充分发挥其在技术方面的优势，积极推动智慧校园的建设进程，致力于打造一个适应未来教育需求的智能化空间。通过这样的合作与努力，我们可以为人工智能在大学生素质教育中的广泛应用奠定坚实的基础，进而推动教育事业的全面发展与革新。

### （一）国家加大投入为智慧空间建设创造条件

数字中国与智慧社会的建设已上升为国家战略，对此，我们需要从多个维度进行深入推进。首先，加大资金投入力度。资金是智慧空间建设的基石，政府需增加财政拨款，以此吸引更多优秀人才和机构投身于智慧空间的建设中。政府已设立专项基金，用于推动数字中国建设，涵盖数字城市、智慧校园等多个领域。教育部自 2016 年起便明确规定，地方教育部门需将至少 8% 的预算用于教育数字化建设与应用。在政策制定时，政府应在全面规划的基础上，突出重点，加大投入，并与数字城市、智慧校园、“学习强国”等战略紧密结合。同时，应设立专项基金支持高校开展大学生素质教育智慧空间的建设，通过立项试点的方式，打造示范项目，以局部带动整体，推动全面进步。此外，政府还需建立健全的智慧空间建设投入机制，运用政策调控，结合市场机制，吸引企业和社会资本的投入，形成高校、企业、社会三方共同推动的良好局面。其次，网络基础设施的建设需得到重视。网络是人工智能与大学生素质教育的

---

① 中华人民共和国国民经济和社会发展第十四个五年规划和 2035 年远景目标纲要 [M]. 北京：人民出版社，2021.

重要支撑。针对高校网络带宽不足的问题，政府与高校需与网络运营商紧密合作，在全面规划的基础上，建设高速、高效、大容量的高校骨干网络。加速新一代高速光纤网络和校园5G高速专网的建设，接入符合Wi-Fi6标准的无线网络，优化高校基础网络教学环境，全面支持IPv6的部署与运行。同时，推进多网融合、大数据中心和多云模式的建设，通过物联网实时识别与收集大学生素质教育的环境与行为数据。利用云计算实现资源共享，推动可穿戴设备和BYOD（自带设备）的广泛应用，并支持国产正版软件，为智慧空间的建设提供坚实的网络硬件基础。最后，资源公共服务建设需得到加强。国家应坚持人工智能算力的公有性质，通过国有企业开展“新型基础建设”，确保人工智能的生产资料掌握在人民手中，从根本上保障人工智能为人民服务。同时，打造云存储平台，推动虚拟仿真教学资源的共享。在此方面，芬兰的经验值得借鉴。芬兰将人工智能视为如“电力”一般渗透于人类生产与生活的新型动力源，并将智能信息纳入公共服务范围，兼顾“大数据”与“小数据”的价值。我国政府也应出台相关政策法规，提供专项资金支持智能信息服务；鼓励企业开发人工智能服务产品；推动公共机构主动应用人工智能进行改革，创新公共信息服务模式；加强人工智能研究，为应用提供科学依据。在实践中，我们应批判性地借鉴芬兰的做法，建设公共数据平台，构建跨部门管理模式，促进公共数据的分享，并保障数据安全。此外，还需加强对人工智能企业的规范与引导，允许其在合理的制度框架内提供智能信息服务，以推动整个行业的健康发展。

**（二）高校要着力建设智慧校园**

首先，高校应明确智慧校园建设的战略定位与目标导向。借鉴2020年OECD发布的《面向未来教育：未来学校教育四种图景》中的前瞻视角，我们认识到，未来学校教育将迈向扩展化、外包化、学习中心化以及无边界化的全新发展阶段。在此背景下，物理、网络与社会三大空间将实现深度融合，构建起学校、家庭与社会协同共生的新型教育模式。人工智能作为关键驱动力，将为学习环境、学习方式、课程形态、教学方法、教师发展及评价管理体系带来革命性的变革与无限可能。因此，高校应充分利用人工智能技术的最新成果，倾力打造一个舒适、智能、灵活且高度融合的智慧校园生态环境，并开发出多维度、立体化的教学场所，以促进物理、网络与社会空间的深度交融与互动。在评估智慧校园建设成效时，需全面审视要素完备性、协同有效性、反馈及时性、循环畅通性、环境适应性以及对象成长性等多个维度，以确保智慧校园建设的全面性与可持续性。其次，高校应积极寻求与社会资源的深度合作，共同推进智能化进程。在低碳环保的核心理念指引下，我们应秉持算力最小化的原则，优化人工智能的应用效能。高校应结合自身学科优势与特色，与官方媒体等外部资源建立紧密的合作关系，共同筹建人工智能媒体创新联合实验室和智能融媒体协同育人技术创新中心。通过这些平台的搭建，推动人工智能与大学生素质教育学科的交叉融合与协同发展，实现资源共享与优势互补，打造高效协同的教育媒体矩阵，进一步提升教育效果与影响力。从当前人工智能在大学生素质教育领域的广泛应用模式及全员育人的发展趋势来看，大数据、云计算、深度学习及协同互动等关键要素的重要性日益凸显。这些要素的整合与协同并非单一学校所能独立完成，需要政府、学校及企业等多方力量的共同参与与协作。在此过程中，如“百度大脑”“阿里 ET 大脑”等具备大规模数据运算能力和先进人工智能技术的平台将发挥举足轻重的作用，成为支撑大学生素质教育服务的重要基石。高校应积极探寻合作契机，有效整合各方资源，形成协同创新的良好局面。最后，高校应高度重视智能教学与实验空间的建设工作。借鉴 Radcliffe 提出的“教学法—空间—技术”框架（PST），我们强调在学习空间设计过程中，应综合考虑教学法、空间布局与技术应用三大核心要素。在人工智能时代，大学生素质教育更加注重高阶思维、价值观、信息素养及社会交往能力的培养，教育方式也逐步趋向于人机协同的精准化教学。因此，大学生素质教育的硬件空间不仅应具备高度的灵活性与智能性，还应充分体现包容性与协同性。为此，高校需进行全局性的统筹规划，加强智能教室、智能实验室及智能体验室等智能教学空间的建设力度。这将为大学生提供一个更为先进、便捷与高效的学习环境，有助于激发他们的创新思维与潜能，全面提升他们的综合素质与竞争力。

**（三）科学谋划智能化空间的功能**

科学规划与优化智能化空间的多维度功能，是高校智能化空间建设的核心议题。这一建设过程涵盖了基础设施建设、学习方式革新以及教育流程重塑三大关键领域，每一环节都至关重要且相互关联。智能化基础设施的建设，作为整个智能化空间的基石，不仅承载着基础的技术支撑作用，更需具备高度的灵活性和适应性，以应对学习方式和教育流程的不断演变。在智能化时代的浪潮下，学习方式正经历着前所未有的深刻变革。传统的、标准化的教育模式已逐渐无法满足当前个性化培养的需求，因此，高校必须积极拥抱人工智能等先进技术，构建出既具有吸引力又富有成效的学习环境。新的智能化空间应以学生为中心，致力于提供多样化的学习模式，包括主动学习、深度学习、综合学习、混合式学习、项目学习以及泛在学习等。这些学习模式的融合与创新，旨在全面培养学生的批判性思维、问题解决能力、创新能力、沟通技巧以及信息素养，使学习过程更加科学、愉悦且高效。此外，智能化空间还需紧密围绕素质教育流程的重塑进行规划与设计。在坚实的基础设施和灵活的学习方式基础上，我们应运用人工智能的思维和工具，推动大学生素质教育的全面革新。在课前阶段，教师应将教育内容输入人工智能系统，结合先进的知识图谱技术，为每位学生量身定制个性化的学习路径。在教学过程中，人工智能应通过人脸识别、语音识别等技术，智能调控学习环境，并利用情感计算技术实时监测学生的学习状态，为教学提供即时反馈。同时，智能导师和智能学习伙伴将以虚拟身份提供全方位的学习辅助与监督，确保学习过程的顺利进行。课后阶段，智能化空间应借助“教育大脑”收集的大量数据，对学生的学习情况进行深入分析，精准推送针对性的辅导方案与学习资源，并对课下作业进行智能评测，以实现个性化教学的持续优化。

## 四、建设大学生智能化协同育人智慧平台

赋能工作的核心策略应着重于构建“全员、全过程、全方位”（以下简称“三全”）的育人机制，旨在驱动高校构筑一个资源高效配置、结构科学合理、差异化发展战略及协同作业的综合性教育体系。从高校内部管理的维度审视，构建一个协同育人的组织体系显得尤为关键。在此体系内，高校的所有组织单元均需肩负起育人的重要使命，尤其是要以党团组织为中枢，搭建一个多维度、立体化的协同育人网络架构，以保障各个育人环节的深度融合与高效协同。进一步从更广阔的外部视角剖析，个体的素质教育并非孤立地起始于学校，而是深深植根于家庭教育，并在复杂多变的社会环境中持续受到多元化的教育熏陶和影响。因此，家庭教育、社会教育与学校素质教育三者之间构成了相互关联、相互补充的有机统一体。大学生素质教育的本质，实则是一种基于理性说服的社会实践活动，这要求我们在系统传授理论知识的同时，必须注重结合生动、具体的社会实践案例来诠释这些理论，以增强教育的说服力和实效性。教育的实施不仅应追求系统性、逻辑性和抽象性，更应紧密贴近实际，确保教学内容具备实践性、针对性和现实性。为了达成这一目标，建设大学生智能化协同育人的智慧平台成为当务之急。该平台能够高效整合来自家庭、学校和社会等多方面的教育资源，以确保三者之间的无缝衔接和有机融合。依托这一平台，我们可以更加高效地调动和利用各方资源，形成强大的教育合力，共同助推大学生的全面发展，为培养具有创新精神和社会责任感的高素质人才奠定坚实基础。

### （一）明晰关键，夯实基础

“平台”作为基石，其核心作用在于汇聚多样化教育主体，重塑素质教育的价值框架。为了最大化平台的整合效能，我们必须聚焦于信任构建、主体能动性激发以及协同机制设计这三大核心议题。首先要解决多元主体间的信任难题。信任，作为素质教育协同价值实现的基石，包含认知、情感及行为信任三个递进层次。信息与技术的共享，不仅为素质教育价值网络的共生协同奠定了坚实基础，还为各教育主体提供了精确、即时的数据支持。这种信息共享机制，极大地促进了多元主体间信任关系的稳固与深化。其次，激发多元主体的积极性与主动性至关重要。在不确定性日益增强的环境下，主体的积极性与创造力已成为提升素质教育效能的关键驱动力。因此，平台

建设应运用智慧协同策略，全面激发各主体的能动性，以促进高校内外资源的有效整合与素质教育业务的快速协同。同时，我们应始终秉持以人为本的理念，关注学生和教育者的价值释放，激发他们的主动性与创造性。最后，构建多元主体协同的规则体系是确保平台顺畅运行的关键所在。在大学生素质教育中，我们不仅需要重塑组织结构与角色规范体系，更需要设计一套完善的协同规则体系。这套体系应确保各主体对协同育人过程的持续贡献与高强度投入。国家、社会与高校应在资源层面为多元主体提供必要的引导与支持，使他们在协同育人过程中能够及时反馈、相互赋能，并在实践中不断完善协同规则体系，从而推动素质教育的深入发展。

**（二）系统梳理，创新技术**

智能化平台的建设构成了一项错综复杂的系统工程，其成功实施奠基于赋能体系的深度剖析，并倚重智能技术的不断演进与创新。首先，主要步骤涉及从理念构建、实施策略、具体执行细节到保障机制的全面系统设计。在此过程中，确立明晰的规则与流程对于保障平台内数据传输的类型、规模、范围及模式的合理性至关重要。高校需精心调配各类资源，平衡各方利益，紧密结合大学生素质教育的本质规律，以实践经验为基石，对智能化协同育人平台进行详尽的目标架构、评价体系、工作流程、组织架构及保障体系设计，从而明确界定平台的运行准则。此外，还需对协同育人平台的作业流程与标准进行深度重塑，细化工作标准、操作流程、时间框架及关键节点，以确保各项任务的无缝对接。其次，加速智能教育技术的系统开发是当务之急。政府与高校应携手合作，共同研发内容筛选、优质资源推荐以及知情意行综合评估等思想政治教育领域的智能技术。同时，应激励社会与高校之间的技术协同创新，聚焦于智能排序、分类、过滤及关联等核心技术的突破，以实现教育资源在全社会的有效整合与优化配置。最后，智慧化技术的持续评估与优化同样占据举足轻重的地位。在平台建设进程中，赋能工作需对大数据的清洗、筛选、标准化处理以及算法的选择与优化进行反复评估与校验。尤为关键的是，应将人的情感体验、价值取向及学习意义等维度融入算法设计，从而确保大学生素质教育智能化协同育人平台的稳定运行与高效能表现。

**（三）聚焦功能，优化应用**

《教育信息化 2.0 行动计划》指出：“以人工智能、大数据、物联网等新兴技术为基础，依托各类智能设备及网络，积极开展智慧教育创新研究和示范，推动新技术支持下教育的模式变革和生态重构。”① 素质教育旨在促进知识的智慧转化，激发思维活力，滋养心灵成长，从而全面深入地推动大学生身心、道德品质与人格的综合发展。为此，智能化协同育人平台应被塑造为一个资源丰富、技术深度融合、形式多样且能

① 教育部关于印发《教育信息化 2.0 行动计划》的通知 [EB/OL]. 中华人民共和国教育部（http：//www.moe.gov.cn/srcsite/）.

激发学习动力、促进自我超越的云端学习与实践生态系统，以满足大学生在学业进步、能力培养、素质拓展及思想深化等多方面的需求。在智能化协同育人平台的构建过程中，我们需集中力量解决三大核心议题：精准功能定位、数据互联互通及高效沟通机制建立。首先，明确“三全育人”格局的功能定位，即平台应主要服务于高校师生，提供高质量的素质教育学习资源，并为教育行政部门及高校提供动态监测与分析管理服务。通过构建覆盖全生命周期、全场景、全流程的素质教育资源平台，我们旨在云端实现立德树人的根本目标，通过思想云环境的搭建、思想云空间矩阵的营造、思想云平台的集成、思想云资源的链接以及思想云服务的提供，形成一体化的素质教育解决方案。其次，实现多元主体间的数据贯通至关重要。平台应促进教育者、管理人员与大学生等多元主体之间的数据互联与信息共享，确保各教育主体能够及时掌握教育进展，收集并反馈师生的意见与建议。通过数据化手段实现信息的无缝连接，为协同教育的实施奠定坚实的数据基础，进而实现多元主体间的数据流畅交互。最后，建立高效的多元主体协同沟通机制同样不可或缺。我们应利用人工智能赋能的数字化组织、协作与教育模式，支持多元主体间的沟通与协调。鉴于制度与流程在解决非原则性问题上的局限性，我们需要依赖部门间及相关人员之间的沟通、交流与协商。沟通机制背后涉及权力与资源的分配，同时受到个性、资历、偏好等非理性因素的影响。因此，智慧化平台需构建一个整合多元信息的沟通环境，完善沟通机制，并通过平台设定的流程、时限与要求，以提升工作效率，确保协同育人的顺利实施。

# 参 考 文 献

[1] 史忠植 . 人工智能 [M]. 北京：机械工业出版社，2024.
[2] 高阳 . 人工智能 [M]. 南京：江苏凤凰科学技术出版社，2019.
[3] 李艳 . 人工智能 [M]. 成都：四川科学技术出版社，2019.
[4] 李晓建 . 素质教育新篇 [M]. 合肥：安徽人民出版社，2015.
[5] 刘丽，鲁斌，李继荣，等 . 人工智能原理及应用 [M]. 北京：北京邮电大学出版社，2023.
[6] 徐卫，庄浩，程之颖，等 . 人工智能算法基础 [M]. 北京：机械工业出版社，2022.
[7] 蔡虔，吴华荣，王华金 . 信息技术与人工智能概论 [M]. 北京：航空工业出版社，2023.
[8] 王克强，蔡肯，林钦永 . 人工智能原理及应用 [M]. 天津：天津科学技术出版社，2021.
[9] 田凤娟，徐建红 . 人工智能伦理素养 [M]. 北京：北京邮电大学出版社，2023.
[10] 陈亚娟，胡竞，周福亮 . 人工智能技术与应用 [M]. 北京：北京理工大学出版社，2022.
[11] 王同聚，罗航，管思梅 . 人工智能与教育教学深度融合创新应用 [M]. 广州：广东教育出版社，2023.
[12] 熙代 .ChatGPT 时代：正在到来的人工智能新浪潮 [M]. 北京：中国友谊出版公司，2024.
[13] 陈宇，雷春 . 人工智能在教育治理中的应用与发展 [M]. 武汉：华中科技大学出版社，2021.
[14] 王理想 . 人工智能时代教育新模式研究探析 [M]. 长春：吉林出版集团股份有限公司，2022.
[15] 操菊华 . 人工智能背景下思政课教学精准化研究 [M]. 武汉：华中科技大学出版社，2023.
[16] 赵慧 . 未来教育：教育改革的未来 [M]. 北京：人民日报出版社，2021.
[17] 李和章，庞海芍 . 论大学素质教育 [M]. 北京：北京理工大学出版社，2022.

[18] 何敏，谢亚双，杨萍 . 学科教学创新与素质教育 [M]. 长春：吉林人民出版社，2020.
[19] 郭婧，史峥 . 大学生素质教育创新研究 [M]. 天津：天津科学技术出版社，2021.
[20] 杨小京 . 传统文化与素质教育研究 [M]. 长春：吉林人民出版社，2019.
[21] 陈强 . 新时代高职院校人文素质教育研究 [M]. 昆明：云南大学出版社，2021.
[22] 齐爱花 . 当代大学生道德素质教育理论与实践研究 [M]. 北京：冶金工业出版社，2020.
[23] 王旭，刘小毛，王华 . 高校大学生素质教育工作实效与方法 [M]. 长春：吉林出版集团股份有限公司，2020.
[24] 任永辉，曾红梅 . 新时期大学生素质教育研究 [M]. 天津：天津科学技术出版社，2018.
[25] 胡春霞 . 大学生心理健康教育与素质教育研究 [M]. 北京：北京工业大学出版社，2020.
[26] 李君 . 高校教育管理及人才素质教育培养研究 [M]. 长春：吉林人民出版社，2024.
[27] 仲尧明 . 真实教育，优雅人生——素质教育实践 [M]. 南京：河海大学出版社，2023.
[28] 杨浩 . 大数据与教育智能第 17 届教育技术国际论坛论文集 [M]. 武汉：华中师范大学出版社，2019.
[29] 彭宗祥 . 新时代高校工程德育理论与实践 [M]. 上海：上海财经大学出版社，2020.
[30] 周苏，冯婵璟，王硕苹，等 . 大数据技术与应用 [M]. 北京：机械工业出版社，2016.